RECHERCHES

SUR LA

BIBLIOTHÈQUE

DE LA FACULTÉ DE MÉDECINE

DE PARIS

TIRÉ A 347 EXEMPLAIRES

Papier vélin..........................	300
— vergé.........................	28
— chamois......................	10
— chine.......................	6
Peau de vélin......................	3

PARIS. — IMPRIMÉ CHEZ PILLET FILS AINÉ
5, rue des Grands-Augustins

Recherches sur la Bibliothèque de la Faculté de médecine de Paris.

A. Aubry, éditeur

RECHERCHES

sur la

BIBLIOTHÈQUE

DE LA FACULTÉ DE MÉDECINE

DE PARIS

D'APRÈS DES DOCUMENTS ENTIÈREMENT INÉDITS

SUIVIES D'UNE

NOTICE SUR LES MANUSCRITS QUI Y SONT CONSERVÉS

PAR

ALFRED FRANKLIN

DE LA BIBLIOTHÈQUE MAZARINE

PARIS

CHEZ AUGUSTE AUBRY

L'UN DES LIBRAIRES DE LA SOCIÉTÉ DES BIBLIOPHILES FRANÇOIS
RUE DAUPHINE, 16

M.DCCC.LXIV

1864

PRÉFACE

·◇·

Voici la seconde fois que nous faisons figurer sur un de nos titres cette phrase un peu ambitieuse en apparence : *d'après des documents* ENTIÈREMENT *inédits.* Ce n'est là cependant que l'expression

de la plus exacte vérité : personne n'avait encore eu l'idée de s'occuper, même indirecte-
ment, de la bibliothèque de la Faculté de
médecine de Paris, bibliothèque dont, grâce
à de précieux registres manuscrits, nous avons
pu retrouver les traces jusqu'au quatorzième
siècle. Les ouvrages imprimés, il est facile de
s'en convaincre, ne nous ont pas fourni trente
lignes; quant aux pièces inédites, les différentes bibliothèques de Paris ne possèdent rien
sur ce sujet; et les recherches que M. Douet
d'Arcq a bien voulu faire pour nous aux
Archives de l'Empire ont été tout aussi in-
fructueuses, car elles n'ont amené la découverte
que d'une liasse toute moderne et sans aucune
importance.

Ce volume a donc été composé exclusivement
d'après les propres manuscrits de la Faculté,
trésors inestimables, encore trop peu connus et
trop peu consultés, et sur lesquels nous nous
sommes fait un devoir d'appeler l'attention des

érudits. L'histoire de cette bibliothèque, si oubliée jusqu'ici, existait là tout entière, mais disséminée dans l'immense collection autographe des comptes-rendus que, depuis le treizième siècle, les doyens de la Faculté étaient tenus de rédiger eux-mêmes chaque année.

La marche à suivre était dès lors tout indiquée : il fallait dépouiller attentivement ces vénérables registres, et recueillir avec soin les lambeaux de phrases où il était question d'un fait intéressant de près ou de loin la bibliothèque. En coordonnant ensuite ces notes, en s'étudiant à leur assigner une date certaine, en cherchant dans l'histoire de la Faculté le lien qui devait les attacher les unes aux autres[1], nous sommes arrivé à reconstituer le

---

1. Nous les avons toutes reproduites au bas des pages. Le lecteur, ayant ainsi sous les yeux les documents dont nous disposions, pourra juger par lui-même de la fidélité de notre travail.

passé de cette vieille collection bibliographique. C'était là, peut-être, beaucoup de travail pour arriver à un bien mince résultat; mais ceux qui se sont occupés de recherches de ce genre savent avec quelle passion on arrive à fouiller ces vieux manuscrits, écrits le plus souvent en latin barbare, parfois presque illisibles, et quel plaisir accompagne la découverte de chaque ligne qui révèle un fait nouveau.

L'histoire de la bibliothèque de la Faculté de médecine de Paris se divise en deux périodes bien distinctes. La première commence à l'année 1391, — nous n'avons pu rattacher son existence à une date plus ancienne, — et s'étend jusqu'en 1746, époque où elle fut ouverte au public. La deuxième période, beaucoup moins agitée que la précédente, traverse la Révolution et va jusqu'à nos jours.

Notre volume est terminé par une notice détaillée sur les admirables documents qui portent le titre de *Commentaires*, et sur les deux analyses qui en ont été faites. Nous y avons joint un catalogue de tous les manuscrits existant aujourd'hui à la bibliothèque de la Faculté.

TABLE DES MATIÈRES

---◇---

NOTICE SUR LES DOCUMENTS MANUSCRITS CONSERVÉS
A LA BIBLIOTHÈQUE DE LA FACULTÉ.

I. Commentaires.

RECHERCHES

sur la

BIBLIOTHÈQUE

DE LA

FACULTÉ DE MÉDECINE DE PARIS

A médecine était-elle enseignée dans les écoles palatines? Cette question, longtemps controversée, est aujourd'hui résolue par l'affirmative. Charlemagne n'avait cependant pas une confiance exagérée dans la médecine, puisque, d'après son chroniqueur, *plura arbitratu suo quam medicorum*

1

consilio faciebat [1]; néanmoins, en 805, par un capitulaire daté de Thionville [2], il ordonna que l'art de guérir ferait désormais partie de l'éducation. L'on sait, en outre, qu'il y avait dans le palais d'Aix-la-Chapelle un endroit nommé *Hippocratica tecta* [3].

Il est incontestable aussi que la médecine figurait parmi les cours faits aux écoles de l'église Notre-Dame; les leçons se donnaient alors, dit Riolan, « en une maison où il y avoit eu des estuves, entre l'Hostel-Dieu et la maison de l'Evesque [4]. » Or, c'est précisément là qu'était situé, à cette époque, l'emplacement réservé aux élèves du cloître [5]. Il n'y avait d'ailleurs encore aucune réglementation fixe. Jusqu'au commencement du XIIe siècle, les maîtres professèrent presque tous, soit chez eux, soit dans des salles louées à des particuliers qui habitaient la Cité; c'était cepen-

1. Eginhard, *Vita Caroli magni;* dans Duchesne, *rerum francorum scriptores,* t. II, p. 101.

2. Et. Baluze, *Capitularia regum Francorum,* t. Ier, p. 421.

3. E. Duboulay, *Historia Universitatis Parisiensis,* t. II, p. 572.

4. J. Riolan, *Curieuses recherches sur les escholes en médecine,* p. 91. — « Au-dessous de la tour qui est à main droite, » dit l'abbé Lebeuf, *Histoire de la ville et du diocèse de Paris,* t. Ier, p. 15.

5. Voyez A.-F., *Recherches sur la bibliothèque de l'église Notre-Dame de Paris au* XIIIe *siècle,* p. 2 et suiv.

dant le plus souvent dans la propre chambre du doyen qu'avaient lieu les examens, les actes et les thèses [1].

Le XIIe siècle vit l'enseignement se concentrer à Paris, qui, sous la parole éloquente d'Anselme, de Guillaume de Champeaux et surtout d'Abailard, devint rapidement le foyer intellectuel de l'Europe. Le cloître de Notre-Dame ne put bientôt plus suffire aux milliers d'étudiants qui affluaient dans la capitale; ils envahirent le plateau de Sainte-Geneviève, et allèrent chercher des logements jusqu'à la place Maubert et la Seine, autour de l'abbaye de Saint-Victor. Une organisation nouvelle répondit promptement à ces besoins nouveaux. Vers l'année 1270, les différentes spécialités représentées dans l'enseignement se formèrent en *Facultés* distinctes et indépendantes les unes des autres, quoique toutes rattachées à l'Université, leur mère commune, qui les associa à ses priviléges[2]. La Faculté de théologie était déjà, en fait, transportée à la Sorbonne; la Faculté de droit s'installa au clos Bruneau, rue Saint-Jean-de-Beauvais; et la Faculté des arts, qui comprenait la médecine, ouvrit ses écoles

---

1. Chomel, *Essai historique sur la médecine en France*, p. 103.

2. J. A. Hazon, *Eloge historique de l'Université de Paris*, p. 85.

dans une masure située rue du Fouarre [1], une des voies sombres et humides qui avoisinent la place Maubert [2]. C'est en réalité de cette époque que date l'origine de la Faculté de médecine; c'est alors qu'elle commence à avoir ses statuts, ses registres particuliers, et même son sceau d'argent, dont l'achat fut décrété sous le décanat de Jean de Roset : *Quod sigillum fiet de argento ad majorem confirmationem,* disent les statuts de 1274, qui furent rédigés par maîtres Jean de Parme, Jean Petit, Jean Breton, Pierre de Neuchâtel, Pierre d'Allemagne, et Bouret [3], les seuls médecins qu'il y eût encore à Paris [4]. Tous

---

1. Cette rue s'appelait, en 1260, *rue des Écoliers;* en 1264, *rue des Écoles.* On la trouve souvent mentionnée dans les écrits de Dante, de Pétrarque et de Rabelais. Le nom de *rue du Fouarre* lui vient de l'ancien mot français *fouarre* ou *feurre,* qui signifie *paille.*

2. Les maîtres ne renoncèrent cependant pas encore à donner des leçons et même à faire subir des examens dans leur demeure. Les statuts de 1350 décident que les examinateurs s'assembleront chez le plus ancien des régents. Plus tard, en 1395, nous voyons le doyen Pierre Desvallées déclarer qu'un examen de bachelier a eu lieu chez lui, *in domo mea.* Voyez les *Commentaires,* t. Ier, p. 2; et, à la fin de ce volume, le compte-rendu de Pierre Desvallées pour l'année 1395.

3. Crevier, *Histoire de l'Université de Paris,* t. II, p. 55.

4. On voit, dans les *Commentaires* de la Faculté, qu'il n'y avait encore à Paris, en 1395 que 31 médecins, 72 en 1550, 81 en 1566, 46 en 1596, 85 en 1626, et 111 en 1652. Or, en 1395, Paris comptait environ 130,000 habitants, 200,000 en 1550, 250,000 en 1596, et 530,000 vers 1700.

alors enseignaient tour à tour, et pendant la durée de leur exercice portaient le titre de maîtres-régents.

Bien que l'étude de la médecine fût interdite aux prêtres et aux moines [1], les docteurs étaient astreints au célibat [2], et cette règle subsista jusqu'à la réforme opérée dans l'Université, en 1452, par le cardinal Guillaume d'Estouteville (*Guillelmus Totavilleus*); dix ans auparavant, le doyen Charles de Mauregard ayant épousé une veuve, avait été pour ce fait dépouillé de tous ses titres [3]. Il va sans dire que les Juifs ne pouvaient exercer la médecine; Grégoire XIII, par une bulle du 30 mars 1581, renouvela la défense qu'avaient faite à cet égard Paul IV et Pie IV. En 1429, un décret du concile de Tortose défendit aux médecins de faire plus de trois visites à un malade qui ne se serait pas confessé. Le concile de Paris, tenu la même année, sous la présidence de Jean de Nanton, archevêque de Sens, leur ordonna d'engager leurs malades à se confesser, et de leur refuser toute espèce de secours jusqu'à ce qu'ils eussent suivi ce conseil.

---

1. A partir du xiie siècle seulement.

2. Voyez-en un exemple curieux dans le compte-rendu de Pierre Desvallées, reproduit à la fin du volume.

3. E. Duboulay, *Historia Universitatis Parisiensis*, t. V, p. 541.

Les leçons étaient déjà très-suivies. Ce n'était pourtant pas un séjour attrayant que le local de la rue du Fouarre. Une escabelle, deux chandelles, et quelques bottes de paille jonchées sur la terre nue [1] composaient tout le mobilier des salles basses, où, dès cinq heures du matin, se pressaient les élèves. Le costume des professeurs resta longtemps en harmonie avec ce milieu. On eut beaucoup de peine à obtenir d'eux qu'ils fissent leurs cours vêtus d'une robe convenable et qui leur appartînt; les statuts de 1350, dressés sous le décanat d'Adam de Francheville (*Adamus de Francovilla*), les obligèrent à enseigner *in cappa rotunda, honesta, propria, non commodata, de panno bono, de brunetta violacea* [2]. En l'absence d'horloge, les étudiants se réglaient sur la cloche des églises voisines; la messe des Carmes, qui se célébrait à cinq heures, donnait le premier signal; puis venait, une heure après, la sonnerie de *prime* à Notre-Dame. Quant aux réunions solennelles de la Faculté, elles avaient

---

1. Cet usage de faire asseoir les écoliers par terre sur de la paille fut, en 1366, approuvé par Urbain V, qui en donna une explication fort singulière : *Scholares Universitatis Parisiensis*, dit-il, *audientes suas lectiones, sedeant in terra coram magistris, non in scamnis vel sedibus elevatis a terra; ut occasio superbiæ a juvenibus secludatur.*

2. *Hæc sunt statuta Facultatis medicinæ Parisius... anno Domini 1350, die 14 mensis octobris.*

lieu soit à l'église des Mathurins, soit à Sainte-Geneviève-des-Ardents, *Sancta Genovefa parva*, soit à Notre-Dame, autour d'un des grands benitiers de pierre qui se trouvaient au pied des tours, *in ecclesia parisiensi supra cuppam*, dit Héméré [1].

Cependant, en 1369, l'école de médecine, devenue plus nombreuse et moins pauvre, songea à se procurer un local spécial, distinct de celui qu'elle occupait en commun avec la Faculté des arts. Elle acheta dans ce but, le 24 mai, une petite maison située au coin de la rue de la Bûcherie et de celle des Rats [2]; puis, aussitôt installée dans cette demeure, elle s'occupa d'y réunir quelques volumes. La pensée était bonne, et on juge que son exécution ne devait pas exiger beaucoup de place, à une époque où l'école basait tout son enseignement sur des traductions d'Hippocrate et de Galien, sur les préceptes de l'École de Salerne, les

---

1. Cl. Héméré, *De Academia Parisiensi*, p. 50. — Voyez encore Dubreuil, *Théatre des antiquitez de Paris*, p. 451; et l'abbé Lebeuf, *Histoire de la ville et du diocèse de Paris*, t. Ier, p. 21.

2. Dubreuil, *Théatre des antiquitez de Paris*, p. 562. — En octobre 1600, en faisant l'inventaire des papiers de la Faculté, on trouva une *epistola latina* qui mentionnait l'acquisition de « la place des ecoles des medecins qui sont en la ruë des rats, en datte du 24 mai 1369. » T. B. Bertrand, *Annales medici ex Commentariis excerpti*, p. 83.

vers de Gilles de Corbeil, et quelques traités arabes d'Avicenne, d'Averroës et d'Isaac [1]. Ce furent à peu près là, en effet, les seuls ouvrages classiques jusqu'à Fernel, qui, dit Hazon, « eut le rare honneur de voir ses livres enseignés de son vivant [2]. » Nous avons cependant une preuve certaine de l'existence d'un commencement de bibliothèque à la Faculté dès l'année 1391 ; le premier volume des *Commentaires* nous apprend que, sous le décanat de Richard de Baudribosco [3], l'école avait donné en gage à Guillaume Boucher (*Guillelmus Boucherii*), médecin de Philippe de Bourgogne et de Charles VI, en retour d'une somme de vingt-deux francs prêtée à la Faculté, les trois ouvrages suivants :

Les *Concordances* de Pierre de Saint-Flour [4].

L'*Antidotarium* d'Albucasis [5].

---

1. Chomel, *Essai historique sur la médecine en France*, p. 117.

2. Hazon, *Eloge historique de la Faculté de médecine de Paris*, p. 3.

3. Doyen de 1391 à 1392, suivant Chomel.

4. Il fut, vers 1325, député de la Faculté dans des conférences relatives à la collation des bénéfices.

5. On le trouve désigné sous les noms suivants : *Abulcasis, Buchasis, Bulchasim, Azzahrawi, Azaravius, Alzharavius* il était d'Azzahra près de Cordoue, et vécut au XIe siècle. Cet *antidotarium* est sans doute une des divisions de son *Al-*

Le *Totum Continens* de Rhasès [1], en deux volumes [2].

Lors de l'élection de chaque doyen, on dressait, en séance solennelle, un inventaire de tous les objets que la Faculté allait lui confier. Le nouvel élu en donnait décharge à son prédécesseur, et s'engageait à les représenter lui-même intacts à la fin de son exercice. Dans le premier inventaire de ce genre qui nous ait été conservé, Pierre Desvallées (*Petrus de Vallibus*), nommé doyen en 1395, déclare avoir reçu les anciens statuts de l'école, un registre contenant ses priviléges, le sceau de l'Université, plusieurs clefs, dont six à usage inconnu, etc., etc., et en outre tous les livres qui composaient alors la bibliothèque de la Faculté, c'étaient :

Tassrif, qui a été publié par Grimm en 1519. Dès 1497, plusieurs traités d'Albucasis avaient été imprimés à Venise.

1. Rhasès ou Rasis exerça la médecine à Bagdad et à Ray, et mourut vers 940. Son *Continens,* qui est divisé en dix livres, a été imprimé à Brixia, en 1486, sous ce titre : *Continens Rhasis ordinatus et correctus per clarissimum artium et medicinæ doctorem, magistrum Hieronymum Surianum, nunc in Camaldulensi ordine dicatum,* 2 vol. in-folio. C'est très-probablement cette version que possédait la Faculté.

2. *M. Guillelmus Boucherii habet Concordancias Petri de Sancto Floro, Antidotarium Albucasis, et Totum Continens Rhasis in duobus voluminibus, in vadio* XXII *francorum, ut continetur in alia papiro, in decanatu magistri Richardi de Baudri Bosco. — Commentaria medicinæ Facultatis Pariensis,* t. Ier, p. 2.

Un *Abrégé des synonimes* de Simon de Gênes [1].

Un *Traité de la thériaque* [2].

Une traduction du cinquième livre du *Colliget* d'Averroës [3].

Un ancien *Commentaire* sur Avicenne.

Le second et le troisième livres des *Canons* d'Avicenne [4].

Les *Concordances* de Jean de Saint-Amand [5].

---

1. Il est indifféremment nommé, dans les manuscrits, *Simo Januensis* ou *Geniastes*. Il était de Gênes et exerça quelque temps la médecine à Rome. Il fut en même temps médecin et chapelain du pape Nicolas IV; il s'établit sans doute plus tard en France, car vers 1296, époque de sa mort, il était chanoine de Rouen.

2. Galien a écrit un *Traité de la thériaque*. Il y en a également un dans les œuvres d'Averroës et dans celles de Bernard Gordon. Ce dernier n'a point été imprimé.

3. *Averroës, Averrhoës, Averroys* ou *Averoïs* était de Cordoue, et vivait au XIe siècle. Le *Colliget*, son œuvre capitale, est divisé en sept livres; il fut imprimé pour la première fois à Venise en 1482, in-folio. Ses œuvres complètes, traduites en latin par le médecin juif Jacob Mantinus, forment onze volumes in-folio, qui ont été publiés à Venise par les Juntes, en 1552.

4. Avicenne mourut en 1037; son *Canon medicinæ* fut d'abord imprimé en arabe à Rome en 1593. Avant la fin du XVe siècle, on connaissait déjà quatorze traductions latines de cet ouvrage; la plus ancienne est due à Gérard de Crémone.

5. Il était chanoine de Tournai, et vécut vers l'an 1200. Il écrivit un long commentaire sur *l'Antidotaire* de Nicolas Myrepse. On donnait peut-être le nom de *Concordanciæ* à ses nombreux travaux sur Hippocrate, dont un beau manuscrit était autrefois conservé à la bibliothèque de l'abbaye de Saint-Victor.

Deux traités de Jean Mesué : les *Médicaments simples* et la *Pratique* [1].

L'*Antidotaire clarifié* de Nicolas Myrepse [2].

Un grand volume contenant plusieurs traités de Galien.

Les *Concordances* de Pierre de Saint-Flour.

L'*Antidotarium* d'Albucasis.

Le *Totum Continens* de Rhasès.

Ces trois derniers volumes étaient encore en la possession de Guillaume Boucher [3].

Voyez Chomel, *Essai historique sur la médecine en France*, p. 177 et 178.

1. Mesué était fils d'un apothicaire persan. Son *Traité des médicaments simples* a beaucoup de rapports avec l'*Antidotaire* de Nicolas Myrepse; il a été traduit en latin et imprimé à Venise en 1471, sous ce titre : *Canones universales de consolatione medicinarum simplicium, ex arabico in latinum translati.* Nous ne savons quel ouvrage on a voulu désigner par le mot *Practica*. Les œuvres complètes de Mesué, qui mourut vers 846, ont été publiées à Venise en 1558, in-folio.

2. Il naquit à Alexandrie, et rédigea en grec son *Antidotarium*, vers l'an 1300. C'est un véritable *Codex pharmaceuticus*, qui fut presque aussitôt traduit en latin et adopté par la Faculté. Tous les apothicaires furent alors obligés d'avoir cet ouvrage chez eux, et de se conformer à ses prescriptions. Voyez A. A. Monteil, *Histoire des Français des divers états*, t. Ier, p. 38, note. — Velly, *Histoire de France*, t. XI, p. 168.

3. *Die XXII ejusdem mensis* (novembre 1395), *recepi a venerabili et discreto viro magistro Johanne Voygnon, regente in Facultate medicine Parisiensi, et predecessore meo decano, de bonis Facultatis ea que secuntur : Primo, papirum aliam, immediate precedentem, quinque codices continentem.* —

L'inventaire qui fut dressé l'année suivante pour l'élection de Jean de Marle comprend exactement les mêmes ouvrages.

Dès cette époque, la bibliothèque avait un règlement, qui a été retrouvé par Sabatier dans un recueil de pièces manuscrites. Voici ce document, curieux à bien des titres :

Spectatores manu sinistra ne utantor.
Libri, suis forulis et ordinibus ne moventor.
Nemini, nisi sub chirographo mutuo, præbentor.
Commodati, ne ultrà mensem retinentor.

Item scrinium magnum Facultatis. — Item, aliud papirum in quo continentur littere et privilegia multa Facultatis. — Item, Abreviationes synonimorum Januensis. — Item, tractatum de tiriaca. — Item, translationem carpinatam ex quinto Colliget Averrois. — Item, statuta antiqua Facultatis. — Item, expositiones antiquas super partes Avicenne, in papiro. — Item, secundum et tertium Canonem Avicenne, in eodem volumine. — Item, Concordancias Johannis de Sancto Amando. — Item, duas laietas Facultatis, in quibus sunt plures littere Facultatis. — Item, librum Hebe Mesue, de simplicibus medicinis, cum Practica ejusdem. — Item, Antidotarium clarificatum. — Item, unum volumen magnum, in quo continentur plures libri Galieni. — Item, duas claves, unam de scrinio in quo est sigillum Universitatis, in Navarra existenti, et aliam de scrinio magno Facultatis. — Item, sex ulias claves; unde sint nescio. — Item, D. Guillelmus Boucherii habet Concordancias Petri de Sancto Floro, Antidotarium Albucasis, et Totum Continens Rhasis in duobus voluminibus, in vadio xxii *francorum, ut continetur in alia papiro, in decanatu magistri Richardi de Baudri Bosco. — Commentaria medicinæ Facultatis Parisiensis, t. Ier, p. 2.*

Integri et intaminati in suos loculos referentor.
Plures quatuor semel hùc ne ingrediuntor.
Duas ultrà horas ne immorantor.
Qui libros rariores noverint, eorum titulos
bibliophylaci relinquuntor [1].

Ces précautions étaient-elles prises uniquement
en vue des professeurs de l'école? On a quelque
peine à le croire. D'un autre côté, il est difficile
d'admettre, nous le verrons plus loin, que la Faculté ouvrit sa bibliothèque aux étudiants, et surtout qu'elle leur confiât des livres. Il nous semble
donc plus naturel de supposer que la petite collection était parfois déjà mise à la disposition
des doctes maîtres qui enseignaient dans ce
quartier.

Ces livres, d'ailleurs, dons splendides accordés
par des souverains ou légués par des savants,
étaient considérés comme le véritable trésor de la
Faculté, et c'est à eux qu'elle avait recours
quand ses coffres étaient vides. Plus d'une fois,
elle les engagea pour de fortes sommes; dans
les cas, par exemple, où il s'agissait d'envoyer
des députés aux conciles, aux États-généraux[2].
En avril 1397, le médecin Guillaume Boucher

---

1. J. C. Sabatier, *Recherches historiques sur la Faculté
de médecine de Paris*, p. 9.

2. Hazon, *Éloge historique de la Faculté de médecine
de Paris*, p. 65.

(*Guillelmus Carnificis* ou *Boucherii*), dont nous avons parlé, prêta une somme de quarante-huit livres à la Faculté, et reçut de nouveau en garantie les *Concordances* de Pierre de Saint-Flour et le *Continens* de Rhasès. La quittance délivrée à cette occasion par le doyen Jean de Marle nous a été conservée dans un recueil manuscrit, qui se trouve aujourd'hui à la bibliothèque de l'école : *Quittance du doyen de la Faculté, du dernier avril 1397, par laquelle il reconnoit avoir reçu de venerable et discret homme Me Guillaume Carnificis, Me ez arts et en medecine, actuellement regent, la somme de 48 francorum auri de cuno regis, sur laquelle ledit Me a engagé 2 livres Totum Continens et les Concordances de Saint-Flour, lesquels livres il avoit deja engagés [1]...* La Faculté ne put restituer ces quarante-huit francs d'or que treize ans après, en mars 1410, presque au moment de la mort de son créancier [2]; un autre recueil manuscrit

---

1. *Instrumenta tum publica, tum privata in arca Facultatis servata*, p. 334. — Ce recueil, dont un double existe aux Archives de l'Empire, est d'autant plus précieux qu'il peut jusqu'à un certain point remplacer les premiers volumes des *Commentaires de la Faculté* qui, comme on sait, sont perdus. — Voyez, à la fin de ce volume, la notice sur les documents conservés à la bibliothèque de l'école.

2 *Die dominica, sexta julii 1410, obiit bonæ memo-*

nous en donne la preuve, et nous montre que, dans l'intervalle, sans doute pour répondre des intérêts de la somme prêtée, on avait, cette fois encore, ajouté au nantissement l'*Antidotarium* d'Albucasis [1].

A peine rentré à la bibliothèque, le *Continens* de Rhasès fut de nouveau donné en gage; cette fois au doyen Jean Leger (*Johannes Levis*), qui avait avancé trente livres à la Faculté [2]. Enfin une dixaine d'années après, ce volume fut prêté au doyen Étienne de Rouvroy [3], qui mourut sans l'avoir restitué. La Faculté fit des démarches, et dut, en 1446, envoyer une réclamation à Bourges, où demeuraient alors les héritiers du défunt [4].

_____

riæ Magister Guillelmus Carnificis seu Boucherii. T. B. Bertrand, *Annales medici manuscripti*, p. 14 et 299.

1. *Die martis mensis martii* 1410, *fuerunt recuperati et redempti libri omnes Facultatis quos Magister Guillelmus Boucherii habebat in pignore pro summa* 48 *lib. turonens., id est totum continens Rhasis in duobus voluminibus, concordantiæ Petri de Sancto Floro, et antidotarium Albucasis. Facultas integre satisfecit M. Boucherii de prædicta summa.* T. B. Bertrand, *Annales medici manuscripti*, p. 15.

2. *Synopsis rerum memorabilium,* etc., p. 22. — T. B. Bertrand, *Annales medici manuscripti,* p. 300.

3. Doyen de 1416 à 1417.

4. 15 *octobris* 1446. *Meminit decanus impensarum,* 8 *fr. pro littera passata per duos notarios pro mittendo Bituris,*

Cette même année 1410, la bibliothèque s'enrichit du traité de Galien *De utilitate partium* [1],
qui lui fut légué par Pierre d'Auxonne, médecin
de Charles VI. Il exigeait dans son testament que
ce volume fût confié à tous les docteurs qui vou-
draient en prendre copie, mais à charge par
ceux-ci de dire ou de faire dire une messe de *Requiem* pour le repos de son âme [2]. L'année précédente, on avait fondé une messe du Saint-Esprit
en faveur du médecin de Charles V, Evrard de

---

*ad recuperandum librum totum continens erga hæredes
M. Stephani de Rouvroy.* — *Synopsis rerum memorabilium* etc., p. 41.

1. Περὶ χρείας τῶν ἐν ἀνθρώπου σώματι μορίων; c'est en
physiologie l'œuvre capitale de Galien.

Riolan (*Curieuses recherches sur les escholes en médecine,*
additions, p. 2) et G. Patin (*Lettres,* 30 décembre 1650;
édit. Reveillé-Parise, t. II, p. 578) mentionnent, d'après
les *Commentaires,* un manuscrit, *de utilitate membrorum,*
qui aurait été légué à la Faculté en 1090. L'erreur est
évidente, car les *Commentaires* ne contiennent rien de
semblable. Riolan et Patin ont mal lu la date, et veulent
certainement parler de la donation de Pierre d'Auxonne.

2. *Die festo decollationis S*ti* J. B. 1410, obiit Magister Petrus de Aussonio, qui legavit Facultati medicæ
librum Galeni de utilitate partium, qui manebit penes
decanum, et eum decanus concedet Magistris qui vo-
luerint legere; et qui ejus volebit habere copium, tene-
bitur dicere aut facere dicere missam de requiem pro
redemptione animæ suæ.* T. B. Bertrand, *Annales mé-
dici manuscripti,* p. 299; reproduit en d'autres termes,
p. 14. — *Synopsis rerum memorabilium,* etc., p. 18.

Conti [1], qui venait de mourir, et laissait à la Faculté quelques traités de Galien, qu'il lui avait d'ailleurs promis depuis longtemps [2].

Mais si la bibliothèque acquérait des livres, elle en perdait aussi. Deux doyens, Henri Thiboust [3] et Pierre de Chavriac [4], avaient prêté de l'argent à la Faculté, qui ne savait comment le leur rendre. Pour s'acquitter, elle se décida, le 2 décembre 1437, à mettre en vente les œuvres de Turigianus, dont elle eut six écus d'or [5]. Deux ans après,

1. Evrard de Conti était très-instruit; il fit pour Charles V une traduction des problèmes d'Aristote. Voyez G. Naudé, *De antiquitate et dignitate scholæ medicæ Parisiensis*, p. 44.

2. *Die 29 maij 1402, Evrardus de Conty promisit se dare in testamento suo Facultati librum textus Galeni, quod quidem fuit recuperatum in decanatu Magistri J. Levis anno 1409. Fuit instituta de sancto spiritu missa ob legationem supradictam.* T. B. Bertrand, *Annales medici manuscripti*, p. 11.

Die 15 martis 1410, novi quatuor examinatores eliguntur ex quatuor Nationibus..... qui diligenter inquirint de recuperandis quibusdam libris, quos per testamentum Facultati legaverat Magister Evrardus de Conti. T. B. Bertrand, *Annales medici manuscripti*, p. 298. — *Synopsis rerum memorabilium*, etc., p. 16.

3. Il avait été recteur de l'Université. Il fut deux fois doyen, de 1430 à 1432, et de 1439 à 1440.

4. Doyen de 1432 à 1433.

5. *Die 2 decembris 1437, a quitanda Facultate erga Magistros Henricum Thibout et Petrum Chavriacum, Ma-*

2

mourait le doyen Pierre Columbi [1]; il avait emprunté à la bibliothèque des livres qui ne se retrouvèrent pas dans sa succession. Ses héritiers, il est vrai, offrirent de payer en argent la moitié de leur valeur [2], et la Faculté semble avoir très-volontiers accepté cette transaction.

En revanche, nous trouvons deux donations à constater. Le doyen Jean Lévêque légua à l'école, en 1456, un manuscrit d'Avicenne [3]; et, vers 1462, Guillaume Musnier lui laissa un *Compendium medicinæ*, dont nous ignorons l'auteur [4].

---

gistri deliberaverunt unanimiter librum Turigiani exponere venditioni, ex quo Magister Henricus Thibout dicebat, quia Facultas haberet sex scuta aurea. — *Synopsis rerum memorabilium*, etc., p. 38. — T. B. Bertrand, *Annales medici manuscripti*, p. 317. — *Sur Turigianus*, voyez plus loin les notes du catalogue dressé en 1746.

1. Doyen de 1434 à 1436.

2. Hazon, *Éloge historique de la Faculté de médecine de Paris*, p. 65.

3. *Anno Domini 1456, 20° sept., undecima hora noctis, obiit Magister Joannes Episcopi, et dedit Avicennam Facultati medicinæ.* — *Commentaria Facultatis medicinæ Parisiensis*, t. XXI, p. 114. — Jean Lévêque fut doyen de 1450 à 1453.

4. On lit dans l'inventaire dressé en 1746 : *Item Compendium medicinæ, legatum Facultati per M. Guill. Musnerii*; or, Guillaume Musnier fut doyen de 1459 à 1462. — Avicenne est auteur d'un *Compendium medicinæ* qui était très-estimé au XVe siècle; on en doit également un à Gilbert l'Anglais (*Gilebertus Anglicus*), qui vécut vers 1210.

Le nombre toujours croissant des élèves rendit bientôt insuffisante la petite maison de la rue des Rats ; mais il fut longtemps impossible, faute de fonds suffisants, d'en acquérir une autre. Enfin, le jeudi 26 novembre 1454, sous le décanat de M⁺ Denis-de-Soubs-le-Four, Jacques Despars, chanoine de l'Église de Paris, médecin de Charles VII, et l'un des hommes les plus distingués de son temps, convoqua solennellement la Faculté « autour de l'un des grands benoistiers » pour aviser aux moyens de créer à l'école un logis plus convenable [1]. Despars proposait d'acquérir une nouvelle maison et d'y réserver une place pour la bibliothèque ; il offrait dans ce but trois cents écus d'or, une grande partie de ses meilleurs livres, *magnam partem suorum meliorum librorum*, et même des meubles (*ustensilia*) [2]. Despars fut remercié comme il le méritait ; mais bien qu'on pût compter sur une faveur spéciale du roi, le moment fut jugé inopportun, à cause de la guerre alors allumée contre les Anglais. Dans une autre réunion, tenue le 20 mars 1469, l'as-

---

1. *Commentaria Facultatis medicinæ Parisiensis*, t. II, p. 136.

2. *Offerebat* 300 *scuta auri, magnam partem suorum meliorum librorum et plura ustensilia, ad aptationem loci et librariam in dicta domo perficiendum. — Synopsis rerum memorabilium*, etc., p. 46.

semblée arrêta « qu'elle achepteroit des Chartreux vne vieille maison size en la ruë de la Bucherie, ioignant l'autre maison acquise par ladite Faculté long temps auparauant : ce qui fut fait pour le prix de dix liures tournois de rente annuelle payable aux Chartreux [1]. »

Despars était mort quand cette acquisition fut décidée. Il était resté jusqu'à la fin fidèle à sa première pensée; car, outre les libéralités qu'il avait faites de son vivant à la Faculté, il lui laissa par testament son célèbre commentaire sur Avicenne, formant six volumes écrits de sa main sur vélin [2].

---

1. Dubreuil, *Théatre des antiquitez de Paris*, p. 562. — En 1486, le doyen Richard Hélain racheta cette rente moyennant cent écus d'or.

2. *Anno 1458, tertia januarii die, hora prima pomeridianæ, obiit Magister Jacobus Despars, artium et medicinæ doctor eximius, thesaurarius et canonicus Ecclesiæ Tornacensis et canonicus Ecclesiæ Parisiensis, in domo sua, ædificata in claustro Nostræ Dominæ; et sepultus est in dicta ecclesia, in capella Sti Jacobi, retro chorum. Is Facultati omnes Avicennæ libros legavit, in pergameno cum textu et glossa sive expositione. — Commentaria Facultatis medicinæ Parisiensis*, t. II, p. 180. — L'obit de Despars se trouve dans le *Nécrologe de Notre-Dame de Paris*, à la date du IV des ides de septembre. — On peut consulter encore sur ses libéralités : T. B. Bertrand, *Annales medici manuscripti*, p. 28. *Synopsis rerum memorabilium*, etc , p. 50. Hazon, *Éloge historique de la Faculté de médecine de Paris*, p. 65. Hazon, *Notice des hommes les plus*

La vieille maison nouvellement achetée fut démolie, et on allait commencer à en édifier une autre sur son emplacement, quand une circonstance grave vint interrompre les travaux.

Louis XI, qui, toujours tremblant pour sa vie, s'intéressait fort à la médecine, désira avoir dans sa bibliothèque les œuvres de Rhasès; on ne connaissait alors à Paris d'autre manuscrit complet de cet ouvrage que celui qui était conservé à la bibliothèque de l'école. Le président Jean de la Driesche alla donc, au nom du roi, trouver le doyen Jean Loiseau (*Joannes Avis*), et le pria de confier à Sa Majesté les deux petits volumes formant le *Totum Continens Rhasis;* Louis XI s'engageait à ne les conserver que pendant le temps strictement nécessaire pour « en tirer copie. » Cette demande émut beaucoup la Faculté; elle tint de nombreuses réunions, et finit par décider qu'elle ne prêterait son cher Rhasès que sous bonne caution, savoir : douze marcs de vaisselle d'argent, et un billet de cent écus d'or qu'un riche bourgeois, nommé Malingre, consentait à souscrire pour le roi. Une fois ces gages fournis, le volume fut remis au président de la Driesche avec la lettre suivante :

célèbres de la Faculté de médecine de Paris, p. 16. L. Jacob, *Traité des plus belles bibliothèques*, p. 593.

« *Nostre souuerain Seigneur, tant et si tres-*
humblement que plus pouuons, nous nous recom-
mandons a vostre bonne grace. Et vous plaise sça-
uoir, nostre souuerain Seigneur, que le president
des comptes maistre Jehan de la Driesche nous a
dit que luy auez rescript quil vous enuoyast To-
tum Continens Rasis pour le faire escrire; et
pour ce qu'il n'en a point, sachant que nous en
auons vng, nous a requis que luy voulussions
baillier.

Sire, combien que tousiours auons gardé tres-
precieusement ledit liure, car c'est le plus beau
et le plus singulier joyau de nostre Faculté, et
ne trouue on gueres de tel : neantmoins nous qui
de tout nostre cueur desirons vous complaire, et
accomplir ce qu'il vous est agreable, comme tenuz
sommes, auons deliure audit president ledit liure
pour le faire escrire; moyennant certains gaiges
de vaisselle d'argent et autre caution quil nous a
baillee en seureté de le nous rendre, ainsi que
selon les statuz de nostre dicte Faculte faire se
doit, lesquelz nous auons tous jurez aux sainctes
evangiles de Dieu garder et obseruer, ne au-
trement ne les pouuons auoir pour noz propres
affaires.

Sire, a lonneur et louenge de vous, et a lacrois-
sement de laditte faculte de medecine, nous
auons grant desir faire une escolle et vne tres-
belle librairie, pour exaulcer et esleuer la science

de medecine en ceste vostre ville de Paris plus que onques mais; comme par ledit president, auquel nous auons dit que sur ceste matiere, si vostre plaisir est, serez aduerti plus au long. A quoy et pour les accomplir, auons besoing et mestier de vostre tresbenigne grace; si vous supplions, sire, que icelle vous plaise nous impartir. Et a tousjours nous continuerons prier Dieu pour vous et la vierge marie, afin quelle vous doint sante, bonne vie et longue, auec vray accomplissement de voz treshauls et tresnobles desirs.

Escript en vostre bonne ville de paris le XXIX *jour de nouembre.*

Voz treshumbles et tresobeissans subiectz et seruiteurs, les doyen, docteurs et maistres regens de la faculté de medecine en luniversite de paris[1]*.*

Au Roy nostre souuerain seigneur.

---

1. *Commentaria Facultatis medicinæ parisiensis*, t. II, p. 297. — Les premières phrases de cette lettre ont été publiées pour la première fois par G. Naudé, dans ses *Additions à l'histoire de Louis XI*, p. 38, avec de très-nombreuses inexactitudes, qui ont été successivement reproduites dans les ouvrages suivants : Hazon, *Éloge historique de la Faculté de médecine de Paris*, p. 43. E. Duboulay, *Historia Universitatis Parisiensis*, t. V, p. 885. T. B Bertrand, *Annales medici manuscripti*, p. 300. *Synopsis rerum memorabilium*, etc., p. 59. L. Lalanne, *Curiosités bibliographiques*, p. 135.

La Faculté avait donc profité de l'occasion pour apprendre au roi qu'elle était très-pauvre, qu'elle avait depuis longtemps des projets d'agrandissement, et qu'une subvention serait reçue avec reconnaissance; mais Louis XI fit la sourde oreille.

A la date de cette lettre, Jean Loiseau écrivait encore sur le registre contenant les actes de son décanat : *Fuit pignus Facultati statutum 12 marcarum argenti cum 20 sterlinis, unà cum obligatione Malingre qui constituit se fidejussorem pro 100 scutis auri, ultra pignus traditum* [1].

Moins de deux mois après, le 24 janvier 1472, les œuvres de Rhasès rentraient à la bibliothèque, et la Faculté restituait les gages qu'elle avait exigés. Elle remerciait en même temps messire Jean de la Driesche de ses peines et soins, et lui rendait l'obligation notariée qu'il avait dû signer en recevant le volume [2].

---

1. *Commentaria Facultatis medicinæ Parisiensis,* t. II, p. 298.

2. *Die 24 januarii 1472, restituuntur Facultati duo volumina totius continentis Rhasis per D. præsidem computorum, quæ nuper Majestati commodata fuerant. Conclusum est regratiandum esse Domino præsidi de pœnis et laboribus sumptis per eum pro Facultate erga Majestatem; illique suam obligationem per notarios confectam reddendam esse.* T. B. Bertrand, *Annales medici manuscripti,* p. 331.

Il semble, du reste, que le prêt des livres, même aux professeurs de l'école, était alors accordé beaucoup plus difficilement qu'au siècle précédent, et entouré de garanties dont il n'était pas encore question dans le règlement que nous avons donné plus haut. En mars 1471, le doyen avait obligé, sous peine d'amende, tous les docteurs à rapporter les volumes qui leur avaient été prêtés [1]. On en vint à demander aux emprunteurs non-seulement un reçu, mais encore un gage assez précieux pour représenter au moins la valeur du volume [2]. Au mois d'octobre 1471, Reginald Leroi (*Reginaldus Regis*), ayant voulu emprunter un volume d'Avicenne, sa demande fut repoussée, parce qu'il ne présentait pas en garantie un objet d'un prix supérieur à celui du volume, *quia pignus non erat majoris valoris* [3].

---

1. 20 *martis* 1471. *Item significandum omnibus Magistris regentibus et non regentibus ut libros quos habent a Facultate, infrà diem martis proximam decano mittant, sub pœna pecuniarii.* — Synopsis rerum memorabilium, etc., p. 59.

2. *Die* 30 *martis* 1471, *conclusum est, supplicantes Magistros posse habere quemlibet librum Facultatis, sed cum schedula et pignore valoris majoris.* T. B. Bertrand, *Annales medici manuscripti*, p. 329.

3. *Synopsis rerum memorabilium*, etc., p. 59. — Mentionné par C. Héméré, *de Academia Parisiensi*, p. 54.

Aussitôt que la Faculté eut été remise en possession de son cher Rhasès, elle reprit ses projets d'agrandissement. Sur l'emplacement de la maison achetée aux Chartreux, le doyen Guillaume Bazin [1] fit commencer de nouvelles constructions [2] qui, jusqu'en 1477 [3], se continuèrent « petit à petit, des bien-faits des docteurs, et aussi de l'argent qui devoit leur estre distribué pour leur assistance aux actes [4]. » En effet, chaque bachelier, après sa réception, était tenu d'aller rendre visite aux examinateurs et aux autres maîtres régents. Dans le principe ils leur offraient, en témoignage de reconnaissance, des épices telles que de la muscade, du gingembre, du poivre, de la canelle. Quand ces substances furent devenues communes, on les remplaça par des bourses plus ou moins garnies, qui finirent elles-mêmes par ne plus représenter qu'une somme fixe; au xiv⁰ siècle les bourses étaient estimées sept sols [5].

---

1. Doyen de 1472 à 1475.

2. *Synopsis rerum memorabilium*, etc., p. 61. — Crevier, *Histoire de l'Université de Paris*, t. IV, p. 356; il ajoute : « Je ne puis dire dans quel endroit, avant cette construction, les professeurs donnoient leurs leçons. »

3. Félibien, *Histoire de Paris*, t. II, p. 867.

4. Dubreuil, *Théâtre des antiquitez de Paris*, p. 562.

5. *Commentaria medicinæ Facultatis Parisiensis*, t. I, p. 3.

Les donations de livres continuaient, mais fort lentement. En septembre 1472, Charles de Mauregard léguait à la Faculté un commentaire sur l'*ars parva* de Galien, et les régents votaient des remercîments à sa veuve et à ses exécuteurs testamentaires. [1]. Durant les treize années suivantes, nous ne trouvons aucune libéralité de ce genre à mentionner; cependant, dans l'inventaire qui fut dressé en 1485, pour le décanat de Richard Hélain [2], on voit figurer, outre les ouvrages que nous avons déjà énumérés, six sermons très richement ornés, et deux volumes des fameux *Commentaires* qui nous ont conservé l'histoire de la Faculté [3]. En 1491, Regnier Hannegrève ou Lanegrève [4], légua encore à l'école deux beaux manuscrits sur vélin, enluminés et bien reliés; l'un contenait un traité intitulé *Alexander*

---

1. 24 *septembris* 1472, *post prandium, Facultas regratiata est Magistris quorum opera artem commentatam defuncti M. Caroli de Mauregart obtinuerat; item executoribus ejus testamenti, atque ipsius uxori, ob acceptum ab eis libentique animo concessum munus gratias egit.* — Synopsis rerum memorabilium, etc., p. 61. — T. B. Bertrand, *Annales medici manuscripti*, p. 331. — Ch. de Mauregard fut doyen de 1443 à 1445.

2. Doyen de 1485 à 1488, mort en 1516.

3. *Commentaria Facultatis medicinæ Parisiensis*, t. III, p. 141.

4. Doyen de 1475 à 1477, mort en 1491.

ἰατρὸς [1], l'autre le *Colliget* d'Averroës [2]. Enfin, en 1500, le doyen Guillaume Bazin[3] lui donna le seul ouvrage connu du médecin arabe Avenzoar[4].

Mais déjà la petite collection avait tenté la cupidité des voleurs. Un des régents avait pour domestique un sieur Philbert qui s'introduisit dans la bibliothèque, et y déroba plusieurs volumes, dont deux seulement purent être aussitôt recou-

---

1. Certainement l'ouvrage suivant, qui fut imprimé à Lyon en 1504 : *Alexandri iatri practica, cum expositione glossæ interlinearis Jacobi de Partibus et Simonis Januensis.* L'auteur, Alexandre de Tralles, était lydien, mais on ne sait s'il vécut au ive, au ve ou au vie siècle. On croit qu'il voyagea en Gaule, et qu'il exerça surtout à Rome, où il était connu sous le nom d'*Alexandre le médecin.*

2. *Die 25* (le nom du mois est resté en blanc) *1491, Facultas acceptat duos libros optimos M. S. in pergameno, bene religatos in asseribus, et illuminatos : Alexander* ἰατρὸς *et colliget Averroïs.* T. B. Bertrand, *Annales medici manuscripti,* p. 337.

3. Reçu docteur en 1466, élu doyen en 1472, mort le 10 mars 1500.

4. *Die 10 martis* 1500, *suum diem obiit Magister Guill. Basin... Hic tradidit ex legatione Facultati librum Avenzoart, concatenandum cum aliis in bibliotheca scholarum.* T. B. Bertrand, *Annales medici manuscripti,* p. 345. — Le mot Avenzoar est, dit-on, la corruption d'Abou Merwan Ben Abdel Melek Ben Zohr; on prétend aussi que ce médecin vécut cent trente-six ans sans avoir jamais été malade. Ce qu'il y a de plus certain, c'est qu'il était contemporain d'Averroës, qu'il naquit à Séville et y exerça.

vrés. Le coupable fut arrêté et mis en prison pour trois mois [1]. La Faculté dut prendre des mesures sévères, et, sans écouter aucune réclamation, ferma momentanément la bibliothèque [2]. En même temps, le doyen Richard Hélain donna deux écus d'or pour acheter des chaines de fer destinées à attacher les livres sur les tables [3]. Ces chaines étaient encore conservées à l'école de médecine en 1770 [4]; elles

---

1. *17 januarii 1497, agitur de quodam Philberto, quem M. de Castro commiserat ut domum suam et scholas servaret. Ille enim furatus fuerat multos e bibliotheca libros, quorum duo recuperantur diligentia decani.* — Synopsis rerum memorabilium etc., p. 82.

2. *Die 4 martis 1497, queruntur adhuc quidam quod adhuc clausa esset bibliotheca scholæ; attamen clausa fuit dum numerarentur libri.* T. B. Bertrand, *Annales medici manuscripti*, p. 342.

3. *Die novembris 1509, Facultas gratias egit amplissimas Magistro Richardo Helain, quòd, ad ligandos in burello libros cum catenis ferreis, duo scuta dedisset.* — Synopsis rerum memorabilium etc., p. 101. — T. B. Bertrand, *Annales medici manuscripti*. p. 355. — Ces chaines étaient rivées à une patte de fer solidement fixée par des clous en haut de la couverture, alors presque toujours en bois et fort épaisse. On rencontre très-fréquemment des manuscrits qui portent encore les traces de ces ferrures, mais bien rarement ils ont conservé quelques anneaux de la chaîne qui les attachait. Voyez à la bibliothèque Mazarine le manuscrit côté T 417.

4. Hazon, *Éloge historique de la Faculté de médecine de Paris*, p. 66.

ont disparu depuis, avec tant d'autres précieux souvenirs de cette époque.

Cependant la confiance tardait à renaître, et les donations, les legs de livres devenaient de plus en plus rares. La Faculté y suppléa en achetant de ses deniers quelques volumes. En janvier 1526, elle acquit ainsi les œuvres de Galien [1], et en décembre 1527, celles d'Hippocrate [2]. Vingt ans après, Jean Desjardins (*Jeannes de Hortis* ou *Hortensis*) donna à la bibliothèque un autre volume de Galien [3]. Mais de nouvelles soustractions eurent certainement lieu vers 1555; car, à cette date, on reprocha au doyen son incurie, on l'invita à veiller désormais plus soigneusement sur la conservation de la bibliothèque, et à faire rédiger un catalogue des volumes qui restaient [4]. Ce travail

---

1. *Die 30 januarii 1526, conclusum est ut emerentur omnia Galeni volumina græce scripta.* T. B. Bertrand, *Annales medici manuscripti*, p. 366.

2. *Die 14 decembris 1527, Facultas voluit ut Hippocratis liber emeretur.* — *Synopsis rerum memorabilium*, etc., p. 121. — T. B. Bertrand, *Annales medici manuscripti*, p. 367.

3. Hazon, *Notice des hommes les plus célèbres de la Faculté de médecine de Paris*, p. 27. — Desjardins fut doyen de 1524 à 1526, et mourut le 31 janvier 1547.

4. *Die 15 nov. 1555, Magister Nicolaus Vigoureux queritur multos e bibliotheca libros scholarum furto ablatos; superstitum catalogum fieri, aptiusque quam antea clavibus illam occludi petit. Res ad decanum demandatur.*

fut-il exécuté? Cela est douteux. Près de dix ans plus tard, en mars 1564, nous voyons encore la Faculté désigner des commissaires pour s'occuper d'un catalogue général, et en même temps pour réclamer deux volumes précédemment empruntés par le doyen Jacques Hollier, qui était mort depuis deux ans [1].

Les pertes qu'avaient subies la collection semblent avoir produit un découragement général. Les seuls témoignages que nous rencontrions à partir de ce moment nous montrent la bibliothèque comme bien déchue et à peu près abandonnée. Le P. Jacob disait d'elle en 1612 : « Il n'en reste à présent que la mémoire dans les autheurs [2]. » Un *Guide* de 1716 confirme encore cette assertion : « On voyoit autrefois, dit-il, aux écoles de médecine une bibliothèque assez curieuse, parce qu'elle contenoit des livres sur des matières singulières, joint aux manuscrits dont elle étoit fournie [3]. » Enfin, Bourru, dans la préface du catalogue qu'il rédigea plus tard, regrette

---

—*Synopsis rerum memorabilium, etc.*, p. 168. — T. B. Bertrand, *Annales medici manuscripti*, p. 388.

1. *Synopsis rerum memorabilium, etc.*, p. 181. — J. Hollier fut doyen de 1546 à 1548, et mourut en 1562.

2. L. Jacob, *Traicté des plus belles bibliothèques publiques et particulières*, p. 596.

3. *Le Voyageur fidèle, ou le Guide des étrangers dans la ville de Paris*, p. 300.

les beaux manuscrits qui ont disparu de la bibliothèque, et la splendeur dont, dit-il, on peut à
peine retrouver les vestiges; il déplore l'état
d'abandon dans lequel on l'avait laissée, et qu'il
n'hésite pas à attribuer autant à l'incurie des
doyens qu'aux larcins commis du dehors [1].

La Faculté songeait d'ailleurs bien plus alors à
augmenter ses bâtiments qu'à conserver sa bibliothèque. En 1519, elle était devenue propriétaire
d'une grande maison voisine, « où pendoit pour
enseigne les trois Roys[2]. » Dix ans après, elle
faisait élever de trois pieds la salle qu'occupait
la bibliothèque, et y installait sa chapelle; les
Commentaires ne songent même pas à dire dans
quel endroit les livres furent alors transportés[3].

---

1. *Verùm qua mala fortuna acciderit, ut nunc agnosci
vix queant veteris illius splendoris vestigia, animo
non capitur; nisi forsan extraneorum subtilitas in su-
bripiendis clanculum et furtive, vel codicibus integris,
vel librorum paginis, par fuerit cum incuria eorum quibus tanti thesauri custodia committebatur.* E. C. Bourru,
*Catalogus librorum qui in bibliotheca Facultatis salu-
berrimæ Parisiensis asservantur*, præfatio. — Rappelons
qu'à la fin du xiii⁰ siècle, chaque Faculté avait adopté
une dénomination latine spéciale : la Faculté de théologie
était appelée *Sacra theologiæ Facultas*; la Faculté des arts,
Nobilis artium Facultas; la Faculté de droit, *Consultis-
sima jurium* ou *decretorum Facultas*, et la Faculté de
médecine, *Saluberrima medicorum Facultas*.

2. Dubreuil, *Théâtre des antiquitez de Paris*, p. 563.

3. *Die 14 novembris 1528, de consilio architectorum,*

En 1568, la Faculté acheta une autre maison, donnant sur la rue des Rats, et qui était appelée la *maison du soufflet* [1]; on l'abattit, et sur son emplacement fut organisé un petit jardin botanique [2]. Quarante ans plus tard, l'école acquit encore, mais cette fois au coin de la rue du Fouarre, « une maison où souloit pendre comme enseigne l'image Saincte Catherine; avec une grande masure pour y bastir un magnifique theatre anathomique [3]. » Celui-ci tombait en ruine dès 1678; il fut alors restauré de fond en comble, ainsi que les autres bâtiments de la Faculté, grâce à la générosité du chanoine Michel le Masle, abbé Desroches [4], qui plus tard

---

construitur sacellum in eo loco in quo jam videtur antiqua bibliotheca ad tres pedes elevata. — *Synopsis rerum memorabilium, etc.*, p. 123.

1. Lemaire, *Paris ancien et nouveau*, t. II, p. 611.

2. Félibien, *Histoire de Paris*, t. II, p. 867.

3. Dubreuil, *Théatre des antiquitez de Paris*, p. 563.

4. *Illustriss. abbas D. des Roches, in Ecclesia Parisiensi præcentor, donationem 30,000 lib. turonensium, membranis pergamenis consignatam, ac regio sigillo munitam, misit ad decanum, per manus D. Gaudin, baccalaurei theologi... ad instaurationem scholarum vetustate collabentium.* — *Synopsis rerum memorabilium, etc.*, p. 393. — Voyez encore : Remerciement à messire Michel le Masle, conseiller du roi en ses conseils d'État et privé, chantre et chanoine de l'Église de Paris, abbé Des Roches, etc., au nom de la Faculté de médecine de Paris, par l'un de ses docteurs, pour le rétablissement de leurs écoles. Paris, 1643, in-4°.

laissa toute sa bibliothèque à la Sorbonne[1]. Cet amphithéâtre ne dura guère que quatre-vingts ans ; on le démolit en 1744, et on en construisit un autre, tout à fait monumental, au coin de la rue de la Bucherie et de celle des Rats. Ce dernier, devenu propriété nationale pendant la Révolution, fut vendu le 28 décembre 1810.

Il a subi depuis lors d'étranges transformations.

Sur la rue de l'Hôtel-Colbert, qui a remplacé la rue des Rats, on a percé dans l'amphithéâtre une porte qui sert aujourd'hui d'entrée à un estaminet, dont l'unique salle est naturellement de forme à peu près ronde ; deux billards y sont établis. Au-dessous, dans les caves voûtées, se trouve un marchand de vins. Tout le reste de l'amphithéâtre a été, jusqu'aux combles, coupé par des planchers, et divisé en quatre étages qui renferment de petits logements ; on arrive à ceux-ci par un étroit escalier en bois, dont la niche a été pratiquée au dehors, dans l'espace que la convexité de l'édifice laissait libre.

La façade qui donne sur la rue de la Bucherie porte le numéro 13, et est occupée du haut

---

1. Voyez l'acte original, sur vélin, de cette donation, aux archives de l'Empire, série M, n° 75, pièce 138.

en bas par un de ces établissements que Jacque
de Vitry, au xiiie siècle, regrettait de voir s
fréquemment installés dans le voisinage de
écoles [1]. A côté, une porte cochère, égalemen
surmontée du numéro 13, donne accès dan
une maison où existe un lavoir public. La cou
est très-étroite. A gauche, juste en face de l
loge du concierge, apparaît l'entrée principal
et assez élégante de l'amphithéâtre; un peu plu
bas que le fronton qui la surmonte, une longu
plaque de marbre noir porte, en lettres d'or
l'inscription suivante :

---

1. A.-F. *Recherches sur la bibliothèque de l'égli
Notre-Dame de Paris au XIIIe siècle,* p. 4. — Voici un raj
prochement assez curieux. En septembre 1493, la Faculté s
décida à louer une maison contiguë aux bâtiments de l'écol
parce que, disent les Commentaires, *in ea meretricibu
pernoclantibus cum suis cœnonibus, lupanar esset maxim
dedecori Facultatis. — Synopsis rerum memorabilium, etc.
p. 76.

AMPHITHEATRUM

ÆTATE COLLAPSUM ÆRE SUO RESTITUERUNT MEDICI PARISIENSES

A. R. S. H. M.DCC.XLIV. Mᵒ ELIA COL DE VILARS DECANO

La porte d'entrée des autres bâtiments de la Faculté est dans le fond de la cour, à droite de l'amphithéâtre. Les sculptures n'ont rien de remarquable, mais au-dessous de la corniche supérieure se trouve une plaque de marbre, sur laquelle on lit :

AERE D. D. MICHAELIS LE MASLE REGIA

SANCTIORIBUS CONSILIIS PROTONOTARII APOS-

TOLICI PRÆCENTORIS ET CANONICI ECCLESIÆ

PARISIENSIS PRIORIS AC DOMINI DES ROCHES ETC

M. ANTONIO LE MOINE PARISINO DECANO

ANNO R. S. H. M.DC.LXXVIII

La Faculté, dit Hazon, « fit placer sur la porte intérieure des écoles un marbre qui exprimoit, en lettres d'or, sa reconnoissance, avec deux figures de grandeur naturelle, qui joignoient les armes de la Faculté avec celles de l'illustre abbé [1] » (Desroches). Ces sculptures sont aujourd'hui absolument méconnaissables. Quant aux deux inscriptions que nous venons de rapporter, et qui n'avaient pas encore été recueillies, elles sont devenues presque illisibles, et c'est à grand peine que nous avons pu déchiffrer la première. Il est indispensable de les faire promptement enlever, si l'on ne veut voir disparaître ces curieux souvenirs des anciennes écoles de médecine. Leur vraie place est au reste tout indiquée d'avance dans la bibliothèque actuelle, qui n'a que trop besoin d'ornements de ce genre.

Retournons sur nos pas.

Les études médicales devenaient chaque jour plus régulières et plus complètes, et l'on songeait fréquemment à reconstituer une bibliothèque spéciale pour la Faculté. Mais, d'un côté, le manque d'argent; de l'autre, l'indolence des doyens retardaient sans cesse l'exécution de ce projet. Une occasion exceptionnelle finit par se présenter.

---

1. Hazon, *Éloge historique de la Faculté de médecine de Paris*, p. 74.

Pierre Michon, plus connu sous le nom d'abbé Bourdelot, qui fut médecin du grand Condé, avait rassemblé une bibliothèque nombreuse [1]. Il la laissa par testament à son neveu Pierre Bonnet-Bourdelot, en exprimant le vœu qu'il la transmit à son tour à l'école de médecine [2]. Bonnet continua à enrichir la collection qu'il venait d'acquérir ainsi [3]; et, en 1691, six ans seulement après la mort de son oncle, il l'offrit à la Faculté [4], sous la seule condition qu'elle serait ouverte tous les jeudis au public [5].

L'école ne se prononça pas aussitôt. Elle nomma huit commissaires qui, après mûr examen, *re diligenter examinata*, déclarèrent que cette bibliothèque ne pouvait être acceptée[6],

---

1. Legallois, *Traité des plus belles bibliothèques de l'Europe*, p. 128.

2. Hazon, *Notice historique des hommes les plus célèbres de la Faculté de médecine de Paris*, p. 127.

3. *Menagiana*, t. II, p. 111.

4. *Petrus Bonnetus Bourdelot, regis christianissimi medicus primarius, anno 1691 medicis parisiensibus numerosam librorum supellectilem quam ipse collegerat obtulit.* E. C. Bourru, *Catalogus librorum qui in bibliotheca Facultatis saluberrimœ asservantur*, præfatio.

5. *Ea lege ut, eorum commodo loco collocatorum, singulis diebus jovis philiatris copia daretur.* T. B. Bertrand, *Annales medici manuscripti*, p. 279.

6. *Quo quidem optimi viri beneficio potiri nondum*

la Faculté n'étant pas en mesure de faire face aux frais qu'entraînerait son installation, et redoutant d'ailleurs que, si on lui voyait entreprendre de pareilles dépenses, on crût ses finances en trop bon état [1]. La vraie raison de ces craintes n'est pas clairement exprimée dans les registres de l'école; mais Bourru nous la fournit. La guerre que soutenait alors la France avait obéré le trésor; on levait des taxes un peu sur tout, et l'on n'eût pas manqué d'imposer lourdement la Faculté si on lui eût supposé des réserves [2].

Bourdelot comprit. Il voulut, de ses propres

---

datum fuit, quòd quibusdam impensis tueri necessum fuisset. E. C. Bourru, catalogus librorum bibliothecæ Facultatis, præfatio.

1. Tum quòd, propter ærarii Facultatis pecuniam, oblatam a viro clarissimo D. Bonnet Bourdelot librorum medicorum bibliothecam non accipiendam esse a nobis satius estimasset decanus; tum ob temporum difficultatem, ne dum extruendis locis ad libros collocandos idoneis magnos sumptus fecissemus, hinc occasio sumetur sub opinione optimi rerum nostrarum status, gravius quoddam a nobis vectigal expetendi. T. B. Bertrand, Annales medici manuscripti, p. 277.

2. Timebat etenim Facultas saluberrima ne propter bellum quæ tunc temporis magnopere sæviebat, subsidiis vexarentur, si quibusdam sumptibus minus necessariis mentiretur, ut ita dicam, divitias. E. C. Bourru, catalogus librorum saluberrimæ Facultatis, præfatio.

deniers, organiser la bibliothèque[1], et offrit, dans ce but, deux mille livres. Le doyen lui transmit les remerciments de la Faculté, et accepta avec reconnaissance ; non toutefois sans revenir de nouveau sur le triste état où se trouvait la caisse de l'école[2].

Toutes ces négociations avaient employé près de deux années. Que se passa-t-il ensuite? On ne sait. Le doyen regarda-t-il comme trop dangereux encore l'arrangement proposé par le donateur, et la bibliothèque ne fut-elle pas livrée[3]; ou bien faut-il s'en prendre à l'incroyable désordre qui régnait alors dans la Faculté? Ce qu'il y a de sûr, c'est que, peu d'années après,

---

1. *Causam recusationis intelligens Magister Bourdelot, non satis laudanda largitate, ex suo ære et suismetipsis denariis bibliothecam quam offerebat locavit.* E. C. Bourru, *catalogus librorum saluberrimæ Facultatis*, præfatio.

2. *Die 2 aprilis 1693, decrevit Facultas convocata, cum gratiarum actione accipiendos esse a Magistro Petro Bonnet Bourdelot libros quos Facultati vir munificus obtulerat; sed ea lege ut bis mille libellarum summa, quam promiserat, ab ipso concederetur, ad suscipiendos necessariò sumptus, ut locandæ huic bibliothecæ locus pararetur, quos Facultas ferre, pro ærarii sui paucitate, non poterat.* T. B. Bertrand, *Annales medici manuscripti*, p. 282.

3. Hazon, *Éloge historique de la Faculté de médecine de Paris*, p. 66.

il ne restait déjà plus trace de la belle bibliothèque de Bourdelot[1].

Malgré le peu de succès qu'avait eu cette tentative, elle fut bientôt renouvelée.

C'est à l'année 1733 que remonte en réalité l'origine de la bibliothèque actuelle de la Faculté, et c'est au savant Picoté de Belestre que revient l'honneur de cette création. Il avait réuni une collection très-précieuse, qu'il laissa à son ami Claude Joseph Prévost, avocat au Parlement. Celui-ci, suivant les dernières volontés de Belestre, était tenu de donner ces livres à un des établissements d'instruction de l'Académie de Paris, afin qu'ils fussent mis à la disposition du public[2]. Cette clause du testament était ainsi

---

1. *Ast eheu, quænam sunt rerum humanarum vices! Dum nemo hujusce bibliothecæ curam gerit, inde brevi evanuit. Jamque ex ea vix quidquam superest, nisi nomen collatoris munificentissimi.* E. C. Bourru, *Catalogus librorum saluberrimæ Facultatis*, præfatio.

2. *Ab anno itaque 1733, nostræ bibliothecæ repetenda est origo. Nempe Magister Franciscus Picoté de Belestre, vir litteratissimus, et pretiosissima librorum collectione dives, divitias hasce litterarias, auro cariores, viro consultissimo Magistro Claudio Josepho Prevost, in senatu Parisiensi causarum patrono, amico suo, dum viveret, fidelissimo legavit; ut in academia Parisiensi litteratorum usui consecraretur.* E. C. Bourru, *Catalogus librorum saluberrimæ Facultatis*, præfatio. — Ce passage est textuellement copié de l'ouvrage intitulé : *Ritus, usus et*

conçue : « Je legue à mon executeur testamentaire, M. Prevost, advocat en Parlement, ma bibliotheque pour estre par luy etablie, en mon nom, au service public dans l'Université de Paris d'où je suis docteur; et ce, dans le lieu où il trouvera qu'on voudra la recevoir, et estimera le plus convenable [1]. » Claude Prévost s'en dessaisit aussitôt en faveur de la Faculté de médecine.

Le samedi 4 juillet 1733, tous les professeurs furent convoqués, afin de statuer sur cette donation. Claude Prévost, invité à prendre part à la réunion, renouvela son offre, et exposa les conditions dont il croyait devoir l'accompagner pour réaliser les désirs du défunt. La bibliothèque serait conservée avec soin, et installée de manière à ce que le public pût en jouir; le catalogue, qui avait déjà été dressé, serait signé par le doyen en exercice; de plus, à la fin de chaque décanat, un recolement exact des livres aurait lieu, et décharge serait donnée par le nouveau doyen à son prédécesseur [2]. Ces conditions furent

---

laudabiles medicinæ Parisiensis consuetudines, authoritate totius ejusdem ordinis excusa. Paris, 1751, in-18, p. 130.

1. H. T. Baron, Catalogus librorum Facultatis medicinæ Parisiensis bibliothecam componentium, p. 1.

2. Anno Domini 1733, die sabbati 4º Julii, convocati

acceptées à l'unanimité, et des remerciments
adressés à Claude Prévost au nom de la Faculté[1].

---

sunt doctores omnes medici in scholas superiores, hora
decima matutina, per schedulam ab apparitoribus pridie
delatam; de bibliotheca M. Francisci Picoté de Belestre,
collegæ fato functi, recipienda deliberaturi. In hæc comi-
tia introductus est M^{er} Claudius Josephus Prevost, cele-
berrimus in Senatu Parisiensi causarum patronus,
M. Francisci Picoté de Belestre testamenti curator, qui
his verbis congregatam Facultatem allocutus est..... No-
mino, in vim testamenti, Facultatem medicinæ Parisiensem, ut accipiat bibliothecam Mⁱ Francisci Picoté de
Belestre, ejusdem Facultatis doctoris; publicis usibus, ejus
nomine, instituendam in loco, non solum libris testatoris
et aliis qui si res bene prosperent incremento eis pote-
runt esse conservandis idoneo, sed etiam librorum studiosis ut facillimè et frequenter eis utantur commodo
virisque litteratis digno; cum tuta et assidua ipsorum
custodia, viri litteris instructi et facili librorum commu-
nione, prout de hoc conveniendum aut statuendum erit.
Ea etiam lege, ut vigilantissimus decanus, et qui in ejus
munere ipsi succedent, catalogum, ex decreto Senatus a
notariis et a me subscriptum, et quoties libri augebuntur
augendum, subsignent; salvam et integram remanere bibliothecam fidejubentes. Et quoties munus decani in
alium transferetur, is qui illud suscipiet eamdem fide-
jussionem subscribat, recognita ab ipso integritate bibliothecæ. De qua Senatus certior fiet per actum qui in suis
tabulis referetur, auditis illustrissimis regiis quadrum-
viris, qui bibliothecam quoties ipsis placuerit visitabunt;
quæque visitabitur a rectore Universitatis Parisiensis tanquam patrimonium academicum, juribus et privilegiis
Universitatis gaudens. — Commentaria medicinæ Facultatis
Parisiensis, t. XX, p. 50.

1. Quibus auditis, re in deliberationem missa, roga-
tisque singulorum doctorum sententiis; omnes, unanimi

Huit jours après, le doyen H. Théodore Baron se rendit rue des Deux-Portes, au dernier domicile de Picoté de Belestre. En présence de deux notaires, il signa l'inventaire qui avait été dressé, et prit possession de la bibliothèque [1], ainsi que

---

consensu, statuerunt accipiendam esse bibliothecam M. Francisci Picoté de Belestre, collegœ fato functi, juxta verba quœ ad Facultatem habuit M. Claudius Josephus Prevost; ipsi summas agendas esse gratias pro hoc amplissimo munere, quo Facultatem medicam Parisiensem dotare munificentissimè voluerit. — Commentaria medicinœ Facultatis Parisiensis, t. XX, p. 50.

1. Extrait de la minutte de l'inventaire fait par Gervais Laisné, l'un des notaires soussignés, et son confrère, le 5 janvier 1733 et jours suivants, après le décès de Me François Picoté de Belestre, docteur regent de la Faculté de médecine à Paris. Le 13 Juillet 1733, au mandement dudit Me Claude Joseph Prevost, advocat en Parlement, audit nom d'exécuteur testamentaire dudit François Picoté de Belestre, les conseillers du Roy, notaires à Paris soussignez, se sont transportez en la maison qui appartenoit au défunt sieur de Belestre, rüe des Deux-Portes, dans l'appartement où est resté la bibliothèque, et où estoient présents Me Hyacinthe-Théodore Baron, docteur regent et doyen de la Faculté de médecine en l'université de Paris, demeurant isle Nostre-Dame, rüe des Deux-Ponts, paroisse Saint-Loüis, et laditte veuve Malleray. Ledit sieur Prevost a représenté le catalogue qui a esté dressé, reveü et reconnu par plusieurs personnes lettrées, et notamment par plusieurs de Messieurs les docteurs de la Faculté de médecine, des livres composant la bibliothèque dudit deffunt sieur de Belestre, pour estre laditte bibliothèque, conformément à ce qui est ordonné par les arrets de la cour du Parlement, des 10 mars, 24 avril et 21 may, le

de cent cinquante volumes[1] que, par l'intermédiaire de Claude Prévost, la veuve d'Amelot de Beaulieu, premier président à la Cour des aides[2], venait d'offrir à la Faculté[3]. Philippe Hecquet[4]

---

tout de la présente année, établie en l'université de Paris dans la Faculté de médecine, à l'endroit dont il sera convenu avec Messieurs de laditte Faculté et ledit sieur Prevost, suivant le décret de laditte Faculté, fait entre eux en datte du quatre des présents mois et au..... — H. T. Baron, *Catalogus librorum Facultatis medicinæ Parisiensis bibliothecam componentium*, p. 3.

1. Voyez *Catalogus librorum quos Facultatis medicinæ Parisiensis bibliothecæ adjunxit nobilis fœmina D[a] Amelot;* dans le *Catalogue* de H. T. Baron, p. 106 à 108.

2. *Illustrissima femina Ammelot*, disent les *Commentaires*, t. XX, p. 282. — Voyez aussi Hazon, *Notice historique sur les hommes les plus célèbres de la Faculté de médecine de Paris*, p. 214. — Amelot de Beaulieu avait possédé une très-riche bibliothèque dont le P. Jacob a fait l'éloge (*Traicté des plus belles bibliothèques publiques et particulières*, p. 498). Michel de Marolles écrivait un peu plus tard :

L'Amelotte a son prix; d'une maison puissante,
Elle est riche, elle est belle avec tous ses atraits.
Je n'entreprendrai pas d'en faire les portraits,
Mais dans son grand dessein, on la voit excellente.

(M. de Marolles, *Paris ou description succincte et néantmoins assez ample de cette grande ville*, p. 49.)

3. *Libris M. de Belestre accessere, curis ejusdem M. Prevost, libri D. viduæ Amelot.* E. C. Bourru, *catalogus librorum saluberrimæ Facultatis*, præfatio.

4. Né le 11 février 1661, doyen de 1712 à 1714, mort le 11 avril 1737.

y ajouta environ treize cents volumes[1], qu'il tira de sa propre bibliothèque[2].

Mais pour que, selon le vœu exprimé par les donateurs, la nouvelle collection pût être mise à la disposition du public, il fallait avant tout en dresser le catalogue. Ce travail fut aussitôt entrepris par le doyen Hyacinte-Théodore Baron; et la manière dont il fut exécuté prouve quels sentiments de gratitude l'école conservait pour Picoté de Belestre. On eut soin en effet de faire copier, en tête de la liste de ses livres, toutes les pièces relatives à sa libéralité. Le catalogue, rédigé par Baron, forme un volume in-folio, qui existe aujourd'hui à la bibliothèque de la Faculté. Il est intitulé :

Catalogus
librorum facultatis medicinæ
parisiensis bibliothecam
componentium.

---

1. Voyez *Catalogus librorum qui, augendæ Facultatis medicinæ Parisiensis bibliothecæ, accesserunt, ex liberalitate Magistri Philippi Hecquet, antiqui decani;* dans le *Catalogue* de H. T. Baron, p. 109 à 202.

2. *Huicce librorum collectioni, ex liberalitate Magistr Philippi Hecquet, antiqui Facultatis decani, adjuncta est nova librorum copia, ex ejusdem bibliothecu deprompta.* E. C. Bourru, *catalogus librorum saluberrimæ Facultatis,* præfatio.

Ex dono et liberalitate M^(ri)
Francisci Picoté de Belestre,
collegæ clarissimi ;
M^i Philippi Hecquet, antiqui
facultatis nostræ decani ;
et nobilis feminæ Antoniæ
de Brion, viduæ magistri
Amelot, in senatu parisiensi
præsidis :
M° Hyacintho Theodoro
Baron, parisino, tertiùm
decano,
anno 1733.

Ce premier fonds s'augmenta rapidement. Le chirurgien Jacques[1] et Michel-Louis Reneaume[2] y ajoutèrent tous leurs livres[3]. Ph. Hecquet, en mourant, donna encore cent volumes[4]; et Elie

---

1. Voyez : *M. Michaele Ludovico Reneaume decano, accessere bibliothecæ Facultatis sequentes libri, ex liberalitate M. Jacques;* dans le *Catalogue* de H. T. Baron, p. 207.

2. Doyen de 1734 à 1736, mort le 27 mars 1739.

3. Voyez *Catalogus librorum quos, vel dono dedit, vel collegit ad augendam Facultatis bibliothecam, decanatus sui tempore, M. Reneaume;* dans le *Catalogue* de H. T. Baron, p. 211.

4. *Centum selecta volumina,* disent les *Commentaires,* t. XX, p. 282. — Voyez *Catalogus librorum quos,* n° 100,

Col de Vilars[1] légua toute sa bibliothèque[2]. Bien d'autres, dont les noms sont restés inconnus, vinrent successivement apporter leur tribut à la collection de la Faculté[3].

On entendait d'ailleurs cette fois la conserver intacte, et toutes les clauses imposées par P. de Belestre furent pendant longtemps très-scrupuleusement observées. Voici, par exemple, le modèle de la décharge que chaque doyen était tenu de remettre à son prédécesseur en entrant en exercice :

Je soussigné Louis Claude Bourdelin, docteur regent et doyen de la Faculté de Medecine en l'Université de Paris, declare qu'au desir du decret

---

Magister Philippus Hecquet, antiquus Facultatis decanus, testamento suo Facultati saluberrimæ reliquit anno 1737 *M° Ludovico Claudio Bourdelin decano;* dans le *Catalogue* de H. T. Baron, p. 228 à 232.

1. Né en 1675, doyen de 1740 à 1743, mort le 26 juin 1745.

2. Hazon, *Éloge historique de la Faculté de médecine de Paris,* p. 66. — *Catalogue manuscrit* de H. T. Baron, p. 237.

3. *Nostram demum bibliothecam paulatim adauxerunt libri numero multi, legati aut donati a MM. Elia Col de Vilars, Jacques, Reneaume, cæterisque doctoribus qui opera sua typis demandata, ut plurimùm in Facultatis bibliotheca reponi curant, unde huic quotannis novæ fieri possunt et revera fiunt accessiones.* E. C. Bourru, *Catalogus librorum saluberrimæ Facultatis,* præfatio.

de ladite Faculté du 4eme juillet 1733, reconnoissance ayant esté par moy faite sur le present
catalogue des livres, tant de maistre François
Picoté de Belestre que de ceux de Me Philippe
Hecquet, et de madame la presidente Amelot, les-
dits livres composants quant à present la biblio-
téque de ladite Faculté de medecine, ils se sont
trouvés en nature suivant ledit catalogue; recon-
noissant qu'ils m'ont été delivrés par Me Michel
Louis Reneaume de la Garanne, cy devant doyen,
qui en demeure quitte et dechargé, au terme du
dit decret. Fait à Paris dans les ecoles superieures
de la Faculté ce 15eme may 1738.

BOURDELIN, doyen [1].

La Faculté décida encore qu'elle choisirait
parmi les docteurs un bibliothécaire, qui serait
élu pour deux ans seulement [2]. Cette dernière
condition paraît avoir été violée dès le principe
en faveur de Jean Louis Livin Baude de la Cloye,

---

1. *Catalogue manuscrit* de H. T. Baron, p. 227.

2. *Verùm, ut novis deprædationibus nullus deinceps
daretur locus, Facultas saluberrima unum e suis doctoribus bibliothecæ in posterum præfecturum fore decrevit
anno 1737, M. Ludovico Claudio Bourdelin decano. Qui
doctor in biennum solummodo eligitur, quo perfectissima
inter omnes doctores servetur æqualitas.* E. C. Bourru,
Catalogus librorum saluberrimæ Facultatis, præfatio.

le premier bibliothécaire qu'ait eu la Faculté. Il se chargea d'organiser la collection, et d'en dresser un nouveau catalogue; ces différentes opérations l'occupèrent jusqu'à sa mort, arrivée le 1er novembre 1748[1]. On lit dans un passage des *Commentaires*, que de la Cloye *pro libris bibliothecæ sponsorem se dederat ac fidejussorem erga Facultatem*[2].

La nomination de Baude de la Cloye était d'ailleurs faite surtout en vue de l'avenir; car, fidèle à l'engagement qu'elle avait pris en acceptant le legs de Belestre, la Faculté avait résolu d'ouvrir promptement sa bibliothèque au public. Elle crut dès lors devoir adjoindre au bibliothécaire un homme de service, qui resta toujours désigné sur les registres avec le titre d'*apparitor*[3]. Elle fixa en même temps le chiffre des émoluments affectés à chacun de ces fonctionnaires; le pre-

---

1. *Commentaria medicinæ Facultatis Parisiensis*, t. XXI, p. 258.

2. *Commentaria medicinæ Facultatis Parisiensis*, t. XX, p. 923.

3. *Decrevit ordo saluberrimus quolibet cujusque hebdomadis jovis die, quo solo vacuant scholæ, bibliothecam aperiendam esse; eidem verò bibliothecæ præficiendum esse unum e suis doctoribus. Censuit eadem Facultas in bibliothecæ ministrum appellandum esse unum e suis apparitoribus.* — *Commentaria medicinæ Facultatis Parisiensis*, t. XX, p. 334.

mier dut recevoir par an trois cents livres, et le second cinquante livres[1]. Cette organisation subsista sans changements jusqu'en 1792.

De la Cloye, nous l'avons dit, s'était chargé de la confection d'un second catalogue complet. Ce travail fut achevé en 1745 ; il forme un volume in-folio, qui est aujourd'hui conservé à la bibliothèque Mazarine. La couverture porte ces mots :

Catalogue pour le service de la Bibliothèque publique des Ecoles de médecine de Paris.

Puis on lit sur le premier feuillet de garde :

Catalogus librorum omnium in-folio, in-4, in-8, in-12, et minori forma, qui pertinent ad Bibliothecam Facultatis medicinæ Parisiensis; a M° Joanne Ludovico Livino Baude de la Cloye primo hujus Bibliothecæ prefecto D. M. P. conscriptus, 1745.

Enfin, sur la première page :

Catalogus authorum alphabeticus Librorum impressorum manuscriptorumque Bibliothecæ Fa-

---

1. *Doctori, pro suo honorario, summam trecentarum libellarum quotannis solvendum esse; apparitori autem, pro sua opera, quinquaginta libellarum summam quotannis etiam esse concedendam.* — Commentaria medicinæ Facultatis Parisiensis, t. XX, p. 334.

cultatis medicæ Parisiensis, a M° Baude de La-
cloye. — P. D. B. designat libros a magistro
Picoté de Bellestre, doctore ejusdem Facultatis,
legatos. — A. D., vidùa Amelot. — H., Hecquet.
— I., Jacques. — R., Reneaume; ut in catalogo
a D° Hiacintho Theodoro Baron, antiquo decano,
facto reperitur[1].

A la fin de l'année 1745, tout était donc disposé pour recevoir le public. Les livres étaient
classés de · manière à ce que tout volume de-
mandé pût être aussitôt trouvé; des trois catalogues qu'on avait l'intention de faire, l'un était
terminé, les autres commencés; le discours qui
devait inaugurer la séance d'ouverture était tout
prêt, et l'orateur bien disposé, *parata oratio,*
paratus orator; il ne manquait donc plus que
l'examen et la permission de l'autorité supérieure[2].

---

1. Bibliothèque Mazarine, *manuscrits,* n° 3125.

2. *Quamvis nondum publici juris facta foret biblio-*
theca medica, non deses aut iners remanserat illius præ-
fectus. Ita jam in ordine sibi noto collocaverat omnes
codices, ut quemcumque librum qui in ea contineretur
ab eo postularemus (et sæpe postulabamus, ob lites),
illico sub manu repertum ob oculos poneret. E tribus
quos meditabatur catalogis, duos si non perficerat sal-
tem disposuerat; jamjam igitur in gratiam eruditorum
ac philiatrorum copiam illius publice facere parabamus.
Parata oratio, paratus orator (Bourdelin, ant. decanus).

Le 25 janvier 1746, sur les quatre heures, le
…yen, accompagné du bibliothécaire, se rendit
…ez le procureur général Joly de Fleury, pour
…i annoncer que la Faculté attendait ses ordres,
…t le prier de donner aussi promptement que
…ossible l'autorisation nécessaire [1].

Il avait été arrêté que la bibliothèque serait
…uverte à tous ceux qui s'y présenteraient, mé-
…ecins, étudiants, lettrés, érudits [2], les jeudis,

…xpectabantur tantùm dies a procuratore catholico indi-
…nda, ut recognoscerentur solemniter et ἀυθεντικῶς om-
…ia volumina. — Commentaria medicinæ Facultatis Pari-
…ensis, t. XXI, p. 41.

1. Die martis 25ª januarii 1746, circa quartam horam
…espertinam, integerrimum hunc magistratum (Joly de
…leury patrem) adivi, comitatus laudato Mᵒ de la
…loye bibliothecæ præfecto. Exposui penes nos non esse,
…i nondum esset juris publici. Libros esse in ordine
…ispositos; omnes posse statim atque vellet eos reco-
…nosci; bibliothecæ nostræ præfectum nihil antiquius
…abere quam ut copiam illius faceret doctrinæ cupidis;
…uotidiana experientia nobis eum comprobasse, se non
…romittere plus quam posset... Quod juberet Curia pa-
…atos esse nos exequi; produxisse nos, et in manus ejus
…ubstituti integerrimi Dᵘⁱ de Boullenois tradidisse unicum
…ostrum exemplar originale catalogi librorum biblio-
…hecæ quod superesset. Si quid amplius postularet, jube-
…et. — Commentaria medicinæ Facultatis Parisiensis, t. XXI,
…. 42.

2. Credidimus publicæ rei male nos esse consulturos,
…i diutius bibliothecam medicam, certe non aspernabilem, in
…gratam philiatrorum, necnon eruditorum aperire et publico

de deux heures et demie jusqu'au soir[1], pendant toute l'année scolaire, et que les vacances dureraient du 14 septembre au 29 juin[2].

C'est le 3 mars 1746 qu'eut lieu la séance d'ouverture; le public avait été prévenu, et « dès ce premier jour, disent les *Commentaires,* les amis de la médecine, et bien d'autres personnes, commencèrent à fréquenter notre bibliothèque naissante, et à y travailler[3]. » Cette date mémorable ne fut pas seulement inscrite dans les registres

---

usât commodare differremus. — *Commentaria medicinæ Facultatis Parisiensis,* t. XXI, p. 50

1. Nous suivons toujours les textes manuscrits. Un *Guide* de 1760 dit que la bibliothèque de la Faculté était ouverte de deux à cinq heures en hiver, et jusqu'à six heures en été. Voyez *État ou tableau de la ville de Paris, considérée relativement au nécessaire, à l'utile et à l'agréable,* p. 196.

2. *Statuit Facultas saluberrima, ut bibliotheca sua litteralis ac philiatris pateret omnibus diebus jovis totius anni academici, scilicet a die 14 septembris ad diem 29 junii, cum facili librorum communicatione.* E. C. Bourru, *Catalogus librorum saluberrimæ Facultatis,* præfatio.

3. *Assignata igitur aperiendæ singulis hebdomadis bibliothecæ, ex præscripto saluberrimi ordinis, dies Jovis; et hac illa prima die, commoniti a professoribus scholarum, philiatri aliique bene multi nostram nascentem bibliothecam frequentare cœperunt, in eaque studere a sesqui-secunda ad vesperam.* — *Commentaria medicinæ Facultatis Parisiensis,* t. XXI, p. 50.

le l'école, une médaille fut frappée pour en per-
pétuer le souvenir[1]; elle portait d'un côté la
tête du doyen alors en exercice, de l'autre l'inscription suivante :

BIBLIOTHECA

PUBLICI JURIS FACTA

DIE JOVIS 3ª MARTII

M DCC XLVI

Guil. Jos. de l'Epine decano[2].

Le service de la bibliothèque continua dès lors
avec une grande régularité; et chaque année, à
l'issue des vacances, une affiche placardée sur les
murs de l'école annonçait à tous la réouverture
de la salle de travail [3].

---

1. *Non tantùm fastis consecrata nostris fuit illa dies,
sed insculpta numismate cum capite decani in adverso...
— Commentaria medicinæ Facultatis Parisiensis*, t. XXI,
p. 50.

2. *Commentaria medicinæ Facultatis Parisiensis*, t. XXI,
p. 50.

3. Cette affiche était ordinairement conçue en ces termes : *Anno Domini..., die porro jovis 13ª mensis septembris, induciarum academiarum revolutis mensibus; saluberrima Facultas, juxta decretum quod latum est die
22 mensis novembris anno 1737, Mº Ludovico Claudio Bourdelin decano, philiatrorum utilitati maxime deserviens,*

Cependant la Faculté se ressouvint qu'elle avait jadis possédé une bibliothèque, peu nombreuse sans doute, car elle ne dépassa jamais trente-deux volumes, *nunquam triginta duo volumina supe-ravit*[1]; mais dont la valeur n'avait pu qu'augmenter avec le temps. Elle fit faire des recherches, et ces volumes, que l'on croyait depuis si longtemps absolument perdus, on s'aperçut qu'ils existaient encore, en grande partie du moins [2]. Ces précieux restes de l'antique bibliothèque avaient résisté à bien des ennemis, et étaient

---

bibliothecam quæ utilitas publica literatorum maxime verò candidatorum in commoda, de novo patere voluit, Dyonisio Claudio Doulcet præfecto. — Commentaria medicinæ Facultatis Parisiensis, t. XXII, p. 72.

1. *Commentaria medicinæ Facultatis Parisiensis*, t. XXI, p. 119. — Ce sont les termes mêmes dont se sert le doyen dans son compte-rendu; il est plus exact que Bourru, qui écrivait pourtant en 1770 : *Bibliothecarum pretium in libris manu-scriptis olim constitisse apud omnes confesso est, pariterque fatentur rerum gallicarum scriptores bibliothecam saluberrimæ Facultatis Parisiensis, hisce temporibus, rarioribus fuisse instructam istiusmodi libris qui ad medicinam spectarent.... Tota bibliotheca medicorum Parisiensium duodecim manuscriptorum numero includebatur.* — E. C. Bourru, *Catalogus librorum saluberrimæ Facultatis*, præfatio.

2. *Die veneris 2ª septembris 1746, convenimus instituere catalogum librorum veteris nostræ bibliothecæ, qui non adeo multi erant amissi quam credebantur. — Commentaria medicinæ Facultatis Parisiensis*, t. XXI, p. 100.

munis encore des chaînes de fer qui les atta-
chaient autrefois [1]. Dans un grenier on retrouva
vingt d'entre eux, mutilés par les siècles, entamés
par les souris et les vers [2]. On les restaura le
mieux possible; ils furent placés de nouveau dans
la bibliothèque, et la Faculté en inscrivit tout au
long l'inventaire sur ses registres. Mais le titre
manquait à plusieurs, et, comme on va le voir, il
fallut pour les désigner en reproduire les premières ou les dernières lignes.

Voici cette curieuse énumération, qui ne dé-
note pas d'ailleurs des connaissances bien pro-
fondes en bibliographie médicale :

---

1. *Qui* (bibliothecarius) *pretiosas veteris bibliothecæ reliquias, quanta potuit diligentia collegit, et in ordinem dis-
posuit. Codices nempe manuscriptos, plerosque in cartha
pergamena exaratos, catenis ferreis quibus olim alliga-
bantur adhucdum instructos, eosque bibliothecæ præfec-
tori custodiæ commisit.* — *Ritus et usus Facultatis medicinæ Parisiensis*, p. 131.

2. *Addidimus etiam* (qui deerat honos huic bibliothecæ)
*manuscripta non pauca, quamvis mutila quædam injuria
temporum, non tamen ideo parvi facienda, reliquias
antiquæ vestræ bibliothecæ, quæ dum celebritate floruit,
nunquam triginta duo volumina superavit. Viginti, quæ
olim muribus atque tineis, in horreis derelicta, non sine
summo dolore videramus, cura tamen posteriorum deca-
norum condita, in hoc pulpito collegimus, numeravimus,
inscripsimusque catalogo.* — *Commentaria medicinæ Facultatis Parisiensis*, t. XXI, p. 119.

HÆC EST EORUM QUI SUPERSUNT EX
VETERI BIBLIOTHECA LIBRORUM PLERO-
RUMQUE MANUSCRIPTORUM SERIES.
QUOS VEL A TITULO, VEL A PRIMIS
CODICUM VERBIS QUANDO MUTILA
INVENTA FUERUNT EXEMPLARIA,
INDIGITAVIMUS.

I

INCIPIT LIBER CANONIS PRIMUS QUEM PRINCEPS
ABOTHAY AB AVICENNA DE MEDICINA EDIDIT, TRANS-
LATUS A MAGISTRO GIRARDO CREMONENSI, etc. M. S.
vélin, in-folio, complet [1].

II

JACOBI DES PARTS, DE TORNACO NATI, EXPOSI-

---

1. Nous avons vu (page 10) qu'en 1395, la Faculté possédait déjà deux volumes d'Avicenne; tous deux se retrou-
vent dans cette liste. (Voyez ci-dessous n° VII). Par ces
mots : *Abothay ab Avicenna*, qui plus loin sont écrits :
Abholay ab Avicenna, on veut certainement désigner Avicenne, qui fut longtemps nommé *Aboli-Abiscene*. — On a
compté, avant le XVe siècle, treize traductions latines des
œuvres de ce médecin, outre celle de Gérard de Crémone.

TIONES PRIMI LIBRI CANONIS AVICENNÆ TERTII, ET PRIMÆ FEN QUARTI. Manuscrit in-folio, 1453 [1].

III

TURIGIANI DE FLORENTIA, POSTQUAM COMMENTATORIS, etc. In-folio, moitié papier, moitié parchemin, mal conditionné; finissant par ces mots : *Utrum vita alicujus individui possit prolongari. Vallain* [2].

IV

AVICENNA LATINO IDIOMATE, in cujus primo et ultimo folio se habet hæc formula : *Anno Domini 1456, le 20e septembre, undecima hora noctis obiit Mer Joannes Episcopi, et dedit hunc Avicennam*

---

1. Jacques Despars, qui était de Tournai, avait en 1458 légué à la Faculté son *Commentaire sur Avicenne*. (Voyez page 20). Chacun des cinq livres du *Canon* de ce médecin est divisé en *fens* ou *sections*.

2. Cet article renferme deux erreurs. Par le mot *Turigianus,* on veut évidemment désigner *Cruscianus,* qui était de Florence, et qu'on appelle indifféremment *Trusianus, Drusianus, Turrisanus de Turrisanis* et *Torrigeno de Florentia.* La seconde bévue du catalogueur confirme la première; au lieu des mots *postquam commentator*, il faut lire *plusquam commentator,* surnom qui fut donné à Cruscianus, à cause, dit-on, de sa subtilité. Ce Cruscianus mourut à la fin du XIIIe siècle; son principal ouvrage, celui sans doute dont il est question ici, est intitulé : *Plusquam commentum in parvam Galeni artem;* il a été imprimé à Venise en 1504.

Facultati medicinæ, cujus anima requiescat in pace, amen. In-folio, vélin, complet [1].

V

Liber in-folio, manuscriptus, in charta, cujus liber incipit hisce verbis : CAPITULUM PRIMUM DE ALOPECIA. *Alopecia est casus capillorum cum ulceribus sive stammis.* Incomplet.

VI

In-folio, in charta papiracea, manuscriptus, cujus in folio secundo legitur in linea octava quartæ columnæ : *Fen* 21, 3[ii] : *De membris generationis in mulieribus* [2].

VII

INCIPIT LIBER CANONIS PRIMUS QUEM PRINCEPS ABIIOLAY AB AVICENNA EDIDIT, TRANSLATUS A MAGISTRO GERARDO CREMONENSI, IN TOLETO, DE ARABICO IN LATINUM. VERBA ABIIOLAY AB AVICENNA. PROLOGUS [3].

---

1. Voyez page 18.

2. Le mot *fen* indique que l'ouvrage désigné ici est le *Canon* d'Avicenne. Le volume commençait donc par la vingt-unième section du troisième livre, qui traite de toutes les maladies qui peuvent affecter chaque organe en particulier.

3. Voyez la note 1, page 59.

VIII

In-folio, in charta pergamena, in cujus primo folio legitur in litteris purpureis : *Incipit prologus in Tiphone medicinæ;* incomplet. Ultima verba : *non subsequitur quies est malus.*

IX

COLLIGET AVERRHOÏS; in-folio, parchemin, cujus in folio primo verso legitur : *Caput 17um, de accidentibus supervenientibus.* In ultimo legitur : *Explicit liber Colliget Averrhoïs. Amen* [1].

X

INCIPIT LIBER ISAGOGE, in charta pergamena [2].

XI

In-folio, in charta pergamena, complet, cujus prima verba : *Caput primum de divisione morbi ex,* etc. *De distinctione febris et divisione ejus, de calore febris,* etc. Ultima verba ultimi folii : *Explicit compendium medicinæ* [3].

---

1. Sans doute le manuscrit que la Faculté possédait déjà en 1395. Voyez page 10.

2. Galien a fait un traité intitulé : εἰσαγωγὴ ἢ ἰατρός.

3. Sans doute le *Compendium medicinæ* qui avait été légué à la Faculté de médecine par Guillaume Musnier en

XII

In-folio, in charta pergamena. Incipit primum folium hisce verbis : *Incipit iste canon.* Desinit per hæc verba : *Expliciunt regimenta acutorum Ypocratis cum commento Galeni* [1].

XIII

In-quarto, vélin, sex tantum habet codices, deficiunt totidem. Post litteras rubras, scripta sunt hæc verba : *Homo enim est princeps omnium animalium* [2].

XIV

In-folio, parchemin, vingt-cinq cahiers, cujus primi codicis primum folium, numero primo obsignatum, incipit per hæc verba : *in solutione humoris.*

1462 (voyez page 18). Les traités de cette époque sur les fièvres sont très-nombreux; les plus estimés étaient ceux d'Averroës, de Jean Actuarius, de Jean de Gaddisden et de Gentilis; tous les quatre ont été imprimés à Venise en 1553, in-folio.

1. On doit sans doute reconnaître ici le traité suivant de Galien : *De victus ratione in morbis acutis, secundum Hippocratem.*

2 Peut-être a-t-on voulu désigner ici le *Liber de animalibus* d'Avicenne, qui n'est qu'une paraphrase du ζωϊκὴ ἱστορία d'Aristote.

XV

In-folio, in charta pergamena, DE CONSERVANDA VALETUDINE [1].

XVI

INCIPIT LIBER DE CRISI. INCIPIT LIBER DE CRITICIS. En lettres rouges. Très-incomplet. Trois cahiers en mauvais ordre. Vélin [2].

XVII

In-folio. Douze cahiers dépareillez en parchemin, quorum folia recta G I D in litteris cæruleis, media purpurea (excepto ultimo codice).

XVIII

In-folio, petit papier. Trois cahiers in-folio, parchemin, petit modèle; cinq cahiers.

---

1. Galien a fait un traité *de regimine sanitatis*, qui a été traduit en latin par Pierre d'Abano. Mais il est plutôt question ici du Manuel de l'école de Salerne, qui fut, croit-on, composé vers 1100 par Jean de Milan, sous ce titre : *Medicina Salernitana, seu de conservandæ bonæ valetudinis præcepta.*

2. Aben-Ezra (mort en 1174) a fait un opuscule *de diebus criticis*. On doit à Galien deux traités : *De crisibus* et *De criticis diebus* qui se trouvent presque toujours réunis.

XIX

Quatre feuillets in-folio, en parchemin : caput decimum, *De sanguine in intestinis et stomacho retento.*

XX

Quatre cahiers in-folio en parchemin, quibus prima verba : *Sudor præcipue in fronte est.... capillis est primum signum in fronte*; ultima verba : *Ex molli instante* [1].

On supposerait que la Faculté va conserver dès lors avec un soin pieux ces vingt volumes si pleins de souvenirs, et qui venaient d'échapper ainsi par hasard à la destruction. Il n'en fut rien. Les bibliothécaires qui se succédèrent à l'école furent tous de savants médecins, mais il ne se rencontra parmi eux ni un homme vraiment possédé par la passion des livres, ni un ami des trésors historiques. C'est en vain que vous demanderiez aujourd'hui un de ces vingt manuscrits, qui devraient être l'orgueil de la Faculté, et qui témoignaient de son amour séculaire pour la science : aucun n'a survécu. Relégués sans doute de nouveau au fond

---

1. *Commentaria medicinæ Facultatis Parisiensis,* t. XXI, p. 114. — Reproduit dans le *Catalogue manuscrit* de H. T. Baron, p. 235.

de quelque grenier, les rats, cette fois, ont achevé leur œuvre. Ne demandez pas davantage d'anciens documents relatifs à l'école; il ne reste pas une charte, pas une de ces pièces nombreuses que les doyens recevaient jadis dans les *magna scrinia* de l'établissement, et qu'ils juraient de représenter intactes. Tout est perdu, détruit, et l'histoire des origines de la Faculté eût été à peu près impossible, si un remords de conscience n'avait fait rendre à l'école, au milieu du XVIIe siècle, ses *Commentaires* primitifs, c'est-à-dire les registres de sa vie intime, de ses recettes et de ses dépenses. Ils avaient été volés aussi, et il a fallu, pour amener leur restitution, le hasard d'un jubilé réveillant les scrupules d'un dévôt; encore les premiers volumes, les plus précieux, avaient-ils été anéantis déjà par les descendants du voleur [1].

Les anciens *Statuts* de l'école, ceux de 1274, de 1350, de 1599 et de 1634, ne contiennent pas une seule disposition relative à la bibliothèque, le mot ne s'y trouve même point. Ces statuts furent revus et complétés en 1751, sous le décanat de H. Th. Baron, et trois articles, fort sagement conçus, furent alors consacrés à la biblio-

---

1. Depuis leur restitution, ils furent conservés dans une armoire spéciale dont le doyen avait la clef. *Ritus et usus medicinæ Facultatis*, p. 16. Voyez à la fin du volume la notice que nous avons consacrée à ces précieux documents.

thèque. Le premier, confirmant une décision déjà
en vigueur, arrête que le bibliothécaire sera choisi
parmi les docteurs, et pour deux ans, bien que
son élection doive être confirmée à la fin de la première année. En outre, chaque bibliothécaire sera
désigné un an avant son entrée en fonctions [1]. Aux
termes de l'article suivant, il doit, aussitôt désigné, fréquenter la bibliothèque, examiner les
livres, et étudier le catalogue. Le bibliothécaire
sortant transmet les clefs et les livres à son successeur, en échange d'un reçu par lequel ce dernier
déclare, après vérification, que la bibliothèque
lui a été remise complète [2]. Enfin, le bibliothécaire
doit être présent les jours de séance publique, et
il lui est recommandé de tenir avec le plus grand
soin les catalogues au courant des acquisitions
nouvelles [3].

A partir de cette époque, la bibliothèque de la
Faculté, placée désormais au nombre de celles
« où l'on se fait un plaisir de communiquer les
livres aux honnêtes gens [4], » entre dans une pé-

---

1. *Statuta Facultatis medicinæ Parisiensis, supremi senatus authoritate confirmata anno* MDCCLI; art. LXVII, p. 46.

2. *Statuta Facultatis medicinæ Parisiensis,* art. LXVIII,
p. 47.

3. *Statuta Facultatis medicinæ Parisiensis,* art. LIX,
p. 47.

4. Durey de Noinville, *Dissertation sur les bibliothèques,*
p. 55.

riode régulière et calme, qui rend son histoire
sans intérêt. Les bibliothécaires continuent à se
succéder tous les deux ans, sans que d'ailleurs
aucun nom célèbre figure parmi eux, et sans
qu'aucune mesure importante soit prise sur leur
initiative.

Constatons pourtant qu'en octobre 1753, la Faculté, pour assurer la conservation de la magnifique collection de thèses que possédait la bibliothèque, en interdit d'une manière absolue le prêt
au dehors, et n'en autorisa même la communica-
tion qu'en présence du bibliothécaire [1]. Bourru,
en constatant ce fait, termine sa phrase par une
exclamation qui nous montre assez l'utilité de
cette règle, et nous fait regretter, comme à lui,
qu'elle n'ait pas été étendue à tous les ouvrages
rares ou précieux [2]. Quelques docteurs gardaient,

---

1. *Inter tot libros, multi sunt rari, quidam rariores,
alii demum rarissimi. E postremorum numero sunt theses
in saluberrima Facultate Parisiensi propugnatæ, quarum
collectio servatur in bibliotheca ab anno 1539 ad nostra
usque tempora, nec alibi reperiunda. Cui prettosissimæ
collectioni servandæ, ita providit Facultas, ut decreto
18 octobris 1753, tulerit nemini unquam commissuram
fore ullam partem hujusce collectionis, nisi in œdibus
ipsis bibliothecæ dicatis, et præsente bibliothecæ præfecto.*
E. C. Bourru, *Catalogus librorum qui in bibliotheca Facultatis servantur,* præfatio.

2. *Quod utinam idem etiam valeret decretum quo ad
raros et rariores!* E. C. Bourru, *Catalogus librorum qui*

en effet, si longtemps les livres par eux empruntés, que le doyen fut invité, en juin 1770, à retenir leur traitement jusqu'à ce qu'ils les eussent
restitués [1].

La Faculté avait alors deux relieurs, les sieurs
Protais et Piot ; elle les occupait fort peu d'ailleurs, car, dans l'espace de dix ans, nous ne voyons
appliquer aux reliures qu'une somme de cent
trente livres environ [2].

La bibliothèque continuait pourtant à s'enrichir. La donation la plus importante qui eut lieu
durant cette période, est celle de J. Cl. Adrien
Helvétius [3], médecin de Louis XIV et de Louis XV :
il offrit tous les ouvrages de sa bibliothèque qui
ne se trouvaient pas dans celle de l'école [4]. Vien-

---

in bibliotheca saluberrimæ Facultatis Parisiensis servantur,
præfatio.

1. Denique cum, his nuperrimis annis, constiterit multos
doctores, incuria videlicet, creditos ipsis bibliothecæ libros
apud se retinere per longissimum tempus, decrevit saluberrimus ordo, die 16 junii 1770, hosce doctores mulctan-
dos fore, atque in posterum emolumenta iis debita per-
solvere penes decanum non fore, usque dum commissos
ipsis libros in manus bibliothecæ præfecti reponerent.
E. C. Bourru, Catalogus librorum qui in bibliotheca saluberrimæ Facultatis servantur, præfatio.

2. Commentaria medicinæ Facultatis Parisiensis, t. XXI,
p. 461 et 585.

3. Né le 18 juillet 1685, mort le 17 juillet 1755.

4. Hazon, Notice sur les hommes célèbres de la Faculté

nt ensuite des libéralités assez considérables
es à Jacques-Bénigne Winslow [1], à Jean-Bap-
te-Louis Chomel [2], à Louis-Réné Marteau, qui
t bibliothécaire de la Faculté, à Jean-Baptiste
oyer [3], et au docteur Liger [4].

Edmond-Claude Bourru fut nommé bibliothé-
ire en 1771 [5]. Pendant l'année qui précéda son
trée en fonctions, il avait étudié avec soin la
bliothèque, et dressé un catalogue très-complet
es ouvrages qu'elle renfermait. Ce travail, qui
rme deux volumes in-folio, est aujourd'hui
nservé à la bibliothèque de la Faculté; il a
our titre : *Catalogus librorum qui in bibiiotheca*
cultatis saluberrimæ Pariensis asservantur.
dine authorum alphabetico digestus, cura et stu-
o M. Edmundi Claudii Bourru, ejusdem Biblio-
ecæ præfecti; decano M. Ludovico Petro Fe-
e Renato Le Thieullier. M.D.CC.LXX. En tête du

---

médecine de Paris, p. 212. — Moréri, *Grand diction-*
ire historique, article *Helvelius.*

1. Né le 6 avril 1669, mort le 3 avril 1760.
2. Né vers 1700, doyen de la Faculté en 1734 et 1755,
rt en 1765.
3. Né le 5 août 1693, doyen de 1756 à 1760, mort le
avril 1768.
4. Sur toutes ces donations, voyez le *Catalogue manuscrit*
II. T. Baron, p. 237 à 246.
5. *Commentaria medicinæ Facultatis Parisiensis*, t. XXIII,
421.

premier volume se trouve une introduction historique, à laquelle nous avons fait de fréquents emprunts [1].

Il y avait alors près de quatre siècles que la Faculté de médecine occupait le petit pâté de maisons compris entre les rues de la Bûcherie, du Fouarre et des Rats ; et les bâtiments, malgré de continuelles réparations, croulaient de toutes parts. Il fallut les abandonner. La Faculté s'éloigna d'ailleurs fort peu de son berceau. Soufflot avait presque achevé, sur la place Sainte-Geneviève, les nouvelles constructions destinées à l'école de droit : la Faculté de médecine alla s'établir dans le local que la Faculté de droit laissait libre. Il était situé rue Saint-Jean-de-Beauvais [2],

---

1. Bourru fut chargé en 1780 du cours de chirurgie, et de celui de pharmacie en 1783. Il fut doyen de la Faculté de 1787 à 1793, et vécut jusqu'en 1823 ; il a publié l'éloge de Guillotin.

2. On ignore à quelle époque l'école de droit s'installa rue Saint-Jean de Beauvais ; ce fut pourtant avant 1464, car dans le cours de cette année, les bâtiments furent réparés aux frais des docteurs. En 1475, ils achetèrent « deux petites maisons et jardin en la ruë du Clos Brunel, » ces maisons étaient contiguës au local déjà occupé par la Faculté. La grande porte d'entrée fut entièrement refaite en 1675 ; au-dessous d'un buste de Louis XIV, on lisait en lettres d'or, ces mots :

SCHOLÆ JURIS.

Le percement du boulevard Saint-Germain a fait presque complétement disparaître la rue Saint-Jean de Beauvais,

petite voie étroite qui aboutissait d'un côté à la
rue des Noyers et de l'autre à la rue du Puits-
Certain. Précisément en face de la porte princi-
pale de l'école, Robert et Henri Etienne avaient
eu autrefois leur imprimerie, et l'on voyait encore se balancer en l'air leur fameuse enseigne[1],
où figurait un olivier entouré de cette devise :
Noli altum sapere, sed time.

Le 19 septembre 1775, l'affiche suivante fut
apposée sur les murs de la Faculté :

« *La Faculté de médecine en l'université de
Paris étant dans l'indispensable nécessité d'abandonner ses écoles sises rue de la Bucherie, à raison
de leur vétusté, avertit le public que l'ouverture
de sa Bibliothèque, qui, suivant l'usage, devoit se
faire le jeudi après la fête de l'exaltation de la
sainte croix, se fera cette année dans les anciennes
écoles de droit rue Saint Jean de Beauvais, bâti-
ment qu'il a plu à Sa Majesté lui accorder en at-
tendant, et que la rentrée de la Bibliothèque, ainsi
que celle des écoles, sera annoncée incessamment
par de nouvelles affiches.*

J. ALLEAUME, doyen[2]. »

---

et il ne reste plus rien aujourd'hui des bâtiments de l'ancienne école de droit.

1. Piganiol de la Force, *Description historique de la
ville de Paris*, t. V, p. 373.

2. *Commentaria medicinæ Facultatis Parisiensis*, t. XXIII,
p. 638.

L'installation définitive eut lieu en 1776, sous l'administration du bibliothécaire Jean Roy [1]. La bibliothèque fut placée au second étage, dans deux salles situées au-dessus de la chapelle [2], et qui mesuraient quatre-vingt-quatorze pieds de long sur dix-huit de large [3].

Cette translation ne modifia d'ailleurs en rien l'organisation de la bibliothèque, qui, en 1789, était encore publique le jeudi, et aux heures que nous avons précédemment indiquées [4]; le traitement du bibliothécaire et les gages de l'appariteur n'avaient pas changé non plus [5]. Au commencement de la Révolution, la bibliothèque renfermait environ quinze mille volumes [6], et avait pour bibliothécaire le docteur Delaplanche [7].

---

1. *Commentaria medicinæ Facultatis Parisiensis*, t. XXIII, p. 735.

2. Thiéry, *Guide des amateurs et des étrangers voyageurs à Paris*, t. II, p. 301.

3. Leprince, *Essai historique sur la bibliothèque du roi*, p. 344.

4. *Almanach royal*, année 1789, p. 502.

5. *Commentaria medicinæ Facultatis Parisiensis* t. XXIV p. 823.

6. Thiéry, *Guide des amateurs et des étrangers voyageurs à Paris*, t. II, p. 301.

7. *Commentaria medicinæ Facultatis Parisiensis*, t. XXIV, p. 823.

La loi du 18 août 1792 anéantit la Faculté de médecine et l'Académie de chirurgie ; celle du 4 décembre 1794 les reconstitua sous le titre d'*école de santé*, bientôt remplacé par la dénomination actuelle. La Faculté fut alors installée dans les beaux bâtiments qu'elle occupe aujourd'hui et qui, avant la Révolution, appartenaient à l'école de chirurgie ; on y ajouta bientôt une partie du couvent des Cordeliers, sur les ruines duquel allait s'élever l'*école pratique*.

L'article 6 de la loi de 1794 accordait à la Faculté un bibliothécaire qui, aux termes du décret du 23 mars, avait le titre de professeur.

La bibliothèque de l'école de chirurgie était placée dans la vaste salle qui règne sur toute la façade de l'édifice, et où se trouve aujourd'hui le *musée Orfila ;* elle devait son origine à la générosité de Lapeyronie, qui, en 1747, lui avait légué tous ses livres, avec un revenu suffisant pour assurer leur conservation et le traitement d'un bibliothécaire[1]. On réunit à la bibliothèque de

---

1. *Éloge de M. de la Peyronie,* dans l'*Histoire de l'Académie de chirurgie,* t. IV, année 1753, p. xcviij. — Voyez, à la bibliothèque de la Faculté, *l'Inventaire des livres de feü messire François de la Peyronie, legüés au collége de chirurgie par son testament du 18ᵉ avril 1747.* — L'estampille de la bibliothèque de l'école de chirurgie était très-petite et ovale ; au milieu se trouvaient un C et un P entrelacés, puis tout autour cette légende : BIBLIOTH. CHIRUR. PARIS.

l'école de chirurgie les quinze mille volumes de l'ancienne Faculté de médecine, auxquels vinrent presque aussitôt s'ajouter les livres de la société royale de médecine[1].

Cette triple collection, désignée dès lors sous le nom de bibliothèque de la Faculté de médecine, fut, en 1800, transportée dans les salles qui l'abritent aujourd'hui. Fourcroy s'exprimait ainsi à ce sujet dans la séance d'ouverture de la Faculté : « Passerai-je sous silence l'heureux changement de la bibliothèque, resserrée, pendant les années précédentes, dans une galerie qui ne pouvait plus contenir les livres dont l'école s'enrichit sans cesse, et qui ne permettait pas de les ranger méthodiquement ? Une salle grande et mieux disposée, un local plus vaste et plus tranquille, vous offrent aujourd'hui la collection la plus riche de livres de médecine ; l'ordonnance et le classement des ouvrages, si favorables aux lectures assidues, aux recherches suivies, au complément de l'étude, ajoutent maintenant un nouveau prix au riche dépôt de livres que possède notre école.

---

1. Voyez *Inventaire de bibliographie et état des livres de la bibliothèque de la ci-devant société de médecine, et des livres en feuilles, avec le nombre d'exemplaires transportés dans la bibliothèque des écoles nationales de chirurgie*, 29 germinal an III. — Archives de l'Empire, carton F17, 1194, n° 109.

Le lieu qu'elle occupait auparavant laisse maintenant à l'agrandissement des cabinets d'anatomie et de pathologie, à l'arsenal chirurgical, une enceinte continue qui permettra bientôt de vous en offrir tout le développement, de leur donner la disposition régulière et l'arrangement méthodique nécessaires pour faire bien juger de leur richesse et bien profiter de leur ensemble [1]. »

Voici, d'après un relevé que nous avons fait sur les *Commentaires*, la liste des bibliothécaires qui se sont succédé à la Faculté depuis la reconstitution de la bibliothèque :

Jean-Louis-Livin Baude de la Cloye
— 1746 à 1749 —

Charles Payen
— 1749 à 1751 —

Michel-Procope Couteaux
— 1751 à 1753 —

Louis-Réné Marteau
— 1753 à 1757 —

Denis-Claude Doulcet
— 1757 à 1759 —

Alexandre-Louis Dienert
— 1759 à 1761 —

---

1. *Séances de l'école de médecine de Paris*, 1er volume, séance du 23 vendémiaire an IX.

Henri-Jacques MACQUART
— 1761 à 1763 —

Hugues CAPET
— 1763 à 1764 —

David VASSE
— 1764 à 1765 —

GERVAISE
— 1765 à 1768 —

Hugues GAUTHIER
— 1768 à 1770 —

Edmond-Claude BOURRU
— 1771 à 1775 —

Jean ROY
— 1775 à 1780 —

ROUSSEL DE VAUZENNE
— 1780 à 1781 —

LECLERC
— 1781 à 1783 —

DUBERTRAND
— 1783 à 1785 —

DELAPLANCHE
— 1783 à .... —

Appariteurs :

François-Louis LEBRET
— 1746 à 1764 —

Gaspard-Joseph POITEVIN
— 1764 à 1771 —

Théodore-Pierre CRUCHOT
— 1771 à 1789 —

Nous reproduisons ci-contre l'ancienne estampille de la bibliothèque. La Faculté avait eu auparavant un *ex libris*, gravé avec beaucoup de soin, mais qui paraît n'avoir été collé que sur un très-petit nombre de volumes [1]; on y voit figurer le soleil et les trois cigognes qui faisaient partie des armes de l'école, avec cette devise : *Urbi et orbi salus* [2]; en tête on lit ces mots : *Ex bibliotheca Facultatis medicæ Parisiensis.*

---

1. On le trouve au commencement et à la fin du catalogue dressé par T. H. Baron.

2. Une bulle du pape Nicolas V, datée de Rome 23 mars 1460, conférait à tous ceux qui avaient reçu le grade de licencié dans l'Université de Paris, le droit d'exercer et d'enseigner en tout lieu du monde, sans aucun examen ni autorisation préalable..... *Ex tunc, absque examinatione et approbatione publica, vel privata, vel aliquo alio novo principio, regendi atque docendi ubique locorum extra civitatem prædictam, liberam habeat facultatem...* C'était un des plus remarquables priviléges de l'Université de Paris. Voyez Riolan, *curieuses recherches sur les escholes en médecine*, p. 115.

La Faculté adopta ensuite une estampille ovale sans aucun ornement, et qui portait seulement cette inscription ainsi disposée :

BIBLIOTHÈQUE
DE LA
FACULTÉ DE MÉDECINE
DE PARIS

Lors de la reconstitution de l'école en 1799, on fit faire l'estampille actuelle, qui est ovale, très-grande et fort laide, elle représente la tête d'Hippocrate, au-dessous de laquelle on lit : ΙΠΠΟΧΡΑΤΗΣ. Elle eut d'abord pour légende les mots : *Ecole de santé de Paris*, 14 *frimaire an* III, qui furent peu de temps après remplacés par ceux-ci : *Faculté de médecine de Paris*.

Comme dans toutes les bibliothèques de fondation moderne qui ont pu posséder de bonne heure une marque gravée, on rencontre très-rarement des inscriptions manuscrites sur les livres appartenant à la Faculté de médecine de Paris.

NOTICE

SUR LES

DOCUMENTS MANUSCRITS

conservés à la

BIBLIOTHÈQUE

DE LA FACULTÉ DE MÉDECINE

DE PARIS

6

NOTICE

sur les

DOCUMENTS MANUSCRITS

CONSERVÉS A LA

BIBLIOTHÈQUE

DE LA FACULTÉ DE MÉDECINE

DE PARIS

I

COMMENTAIRES

ous cette dénomination de *Commentaires*, qui est prise ici dans son acception latine, la Faculté de médecine de Paris possède les documents les plus précieux que l'imagination d'un historien puisse rêver.

Dès l'origine, chaque doyen était tenu de rédiger une espèce de compte-rendu ou de journal, sur lequel il inscrivait minutieusement tous

les faits relatifs à son décanat : Recettes et dépenses de l'école, ses relations avec l'Université,
l'Église et le roi, les décisions prises dans ses
assemblées solennelles, les noms des professeurs
et des élèves, les examens subis, les thèses sou-
tenues, etc., etc. Cette obligation fut, selon
toute apparence, imposée au doyen depuis
le moment ou la Faculté se forma en compagnie distincte[1], c'est-à-dire depuis la fin du
XIIIᵉ siècle. Les premiers registres sont malheureusement perdus, et ceux que possède l'école
ne commencent qu'à l'année 1395 ; encore les
deux plus anciens, comprenant la période de
soixante-dix-sept ans comprise entre 1395 et
1472, ne sont-ils rentrés à la Faculté qu'au milieu
du XVIIᵉ siècle, sous le décanat de Gui Patin.

Dans le premier de ces précieux comptes-
rendus, nous voyons le doyen déclarer, le 6 novembre 1395, qu'il a reçu *papirum aliam, immediate precedentem, quinque codices continentem;*
et, sans admettre avec Riolan qu'on veuille désigner ainsi « *cinq gros volumes* des affaires de
l'eschole »[2], cette phrase prouve bien évidemment qu'il existait des registres de ce genre an-

---

1. Hazon, *Éloge historique de la Faculté de médecine
de Paris,* p. 25.

2. Riolan, *Curieuses recherches sur les escholes en médecine,* p. 28.

térieurs à ceux que nous possédons, et il est très-vraisemblable qu'ils remontaient à l'origine de la Faculté.

On ne saurait trop regretter la perte de ces admirables documents, dont les premiers doyens ne semblent guère avoir compris l'importance. Disons pourtant, à leur décharge, que l'école n'eut qu'assez tard un centre fixe, et que ces registres, conservés chez les doyens, changeaient bien souvent de place et de mains. Puis vinrent les troubles de Paris sous Charles V et Charles VI, la domination anglaise sous Charles VII; les doyens s'enfuyaient ou mouraient, abandonnant les papiers de la Faculté à des étrangers qui n'en connaissaient pas le prix ou ne savaient à qui les remettre [1].

Le 5 novembre 1650, Gui Patin était doyen; un de ses amis, qu'il désigne seulement par ces mots *virum optimum et medicæ facultatis amantissimum*, lui apporta « un vieux registre en lettres abrégées et presque gothiques, dans lequel étoient

---

1. Gui Patin termine ainsi une note que nous citerons tout à l'heure : *Hortor itaque decanos omnes qui mihi in hac administranda provincia sunt successuri, imo et obtestor ac rogo singulos, ut utrumque codicem pro summo ordinis nostri commodo, exacte custodiant, nec deinceps patiantur apud privatum quemquam doctorem vagari, ne iterum perdant. — Commentaria medicinæ Facultatis Parisiensis, t. XIII, p. 463.*

marqués, de deux en deux ans, le nombre des docteurs et des licenciés»[1]; enfin, le 16 février 1651, la même personne restitua un second volume qui fait suite au précédent, et comprend les années 1435 à 1472. Ce sont les deux plus anciens registres 'e conserve aujourd'hui la Faculté, et il y avait cent quatre-vingts ans qu'ils avaient disparu quand ils lui ont été restitués. Les faits qui précèdent sont attestés par Patin lui-même dans une note écrite sur le compte-rendu de son décanat[2]. Ces deux volumes étaient, à ce qu'il paraît, restés cachés chez les descendants d'un ancien doyen; ceux-ci, voyant approcher le jubilé de 1650, se firent conscience de les retenir plus

---

1. Gui Patin, *Lettres*, 30 décembre 1650; édit. Reveillé-Parise, t. II, p. 578.

2. *Est etiam observandum, me, initio mei decanatus, mensis decembris die 20 anni 1650, recuperasse per amicum, virum optimum, et medicæ Facultatis Parisiensis amantissimum, duo codices vetustissimos ex commentariis nostræ Facultatis, quorum primus continet historiam rerum nostrarum et acta saluberrimæ Facultatis, ab anno 1395 usque ad annum 1435. Secundus est ab anno 1435 ad annum 1472. Uterque codex lutebat a multis annis, pluribus qui me præcesserunt decanis incognitus, et plane inauditus. In utroque autem, multa habentur optima, scholæ nostræ dignitatem et supra alias omnes antiquitatem manifeste probantia atque demonstrantia. — Commentaria medicinæ Facultatis Parisiensis, t. XIII, p. 463.*

longtemps[1]. Mais déjà sans doute les registres antérieurs à 1395 étaient anéantis.

Nous allons reproduire presque en entier le premier de ces comptes-rendus, celui qui fut rédigé en 1395 par Pierre Desvallées; nous ne connaissons pas de lecture plus attrayante, ni qui donne une idée à la fois plus saisissante et plus exacte de l'organisation de la Faculté de médecine à cette époque.

DECANATUS PETRI DE VALLIBUS, BITURICENSIS DIOCESIS, ANNO DOMINI 1395°.

Anno Dominj M° CCC° nonagesimo quinto, die Sabbatj que fuit VJ^a dies nouembris, post missam Facultatis, ipsa Facultas solemniter congregata in capitulo Sancti Maturini, ut moris est[2], ad eligendum decanum : ego Petrus de Vallibus[3], magister regens in eadem Facultate Parisiensi, fui electus in decanum Facultatis,

---

1. Riolan, *Curieuses recherches sur les escholes en médecine*, additions, p. 1. — Hazon, *Éloge historique de la Faculté de médecine de Paris*, p. 25.

2. Voyez page 7.

3. Pierre Desvallées était de Bourges; tout ce qu'on sait de lui c'est qu'il succéda comme doyen à Jacques Voignon, et fut remplacé l'année suivante par Jean de Marle.

presentibus magistris Thoma de Sancto Petro [1],
Guillelmo Carnificis [2], Henrico Creuessat, Thoma
Blanche Cappe [3], Johanne Voignon [4] tunc de-
cano, magistro Johanne Plumion [5], magistro
Johanne Richardi [6], magistro Georgio de Cas-
tro, magistro Honorato de Puteo Villari [7], magis-
tro Guillelmo de Senonis [8], magistro Henrico
Pelati, magistro Johanne Tanquardi [9], magistro

---

1. Thomas de Saint-Pierre était Normand (voyez plus bas).
Chomel l'a oublié dans sa liste des médecins des rois de
France; il eut cependant ce titre auprès de Charles VI et
de sa sœur, *physicus regis et Catharinæ ejus uxoris*, dit
Ducange, *glossarium mediæ et infimæ latinitalis*, v° *Ar-
chiatri*.

2. Sur ce Guillaume Boucher, voyez pages 8, 9, 11, 14 et 15.

3. Thomas Blanchecappe avait été doyen en 1390. Il obtint
de Charles VI la confirmation des priviléges qui avaient
été accordés à la Faculté en 1352.

4. Jean Voygnon ou Voignon fut recteur de l'Université
en 1383, et doyen de la Faculté de médecine en 1394.
Il alla en mission auprès du duc de Bourgogne avec Jean
de Courtecuisse, *Johannes de Breviscoxa* (Voyez le *Gallia
Christiana* t. VII, p. 114 et suiv.), puis à Rome avec Henri
Doigny, dont il sera parlé plus loin.

5. Jean Plumion était Picard. Voyez ci-dessous.

6. On lui donne plus bas l'épithète de *Gallicus*.

7. Le même que Desvallées appelle plus loin *Honoré de
Puthevillers*.

8. Guillaume de Sens, *aliter Pelliparii*, lit-on plus bas.

9. Il était Normand. Il fut, en 1411, mêlé aux discussions
relatives à la collation des bénéfices.

Petro de Castanea [1], magistro Egidio de Dulcedio [2], magistro Johanne de Marla [3], magistro Radulpho Prepositi, magistro Johanne de Fontanis [4], magistro Johanne du Martroy, magistro Radulpho Blanche. Et tunc, post prestita per me solita juramenta [5], recepi ab eo sigillum paruum Facultatis [6] cum cathena pendente ar-

---

1. Il était Normand. En août 1395 il fit partie de la députation que l'Université envoya en Angleterre auprès du roi Richard. Voyez *Litteræ Universitatis Parisiensis ad Universitatem Oxoniensem, quas detulerunt magistri Johannes Brevis Coxæ, doctor theologus, Petrus Le Roy, doctor in decretis, Petrus de Castanea, doctor in medicina...,* dans Duboulay, *Historia Universitalis Parisiensis,* t. IV, p. 751.

2. Il était Picard.

3. Jean ou Clément de Marle, qui plus bas est dit *Picardus,* fut principal du collége de Laon, chanoine de la Sainte-Chapelle de Paris et de la cathédrale de Laon, et médecin de Charles VI. Il fut doyen de la Faculté de 1396 à 1398.

4. Ce Jean Desfontaines était originaire du diocèse de Troie.

5. Aux termes des statuts de 1350, le doyen élu jurait de remplir fidèlement sa charge, d'assister aux assemblées solennelles de l'Université, et de sévir rigoureusement contre les empiriques. Il s'engageait en outre à conserver intact le livre des statuts, à rendre ses comptes dans la quinzaine qui suivrait l'expiration de son décanat, et à représenter tous les objets appartenant à la Faculté, pour lesquels d'ailleurs il était tenu de donner caution.

6. Voyez page 4.

gentea, libellumque in quo kalendarium et statuta Facultatis[1] continentur.

Recepta facta in dicto decanatu.

Die XXIJ[a] eiusdem mensis, recepi a venerabili et discreto viro magistro Johanne Voyguon, regente in Facultate medicine Parisiensi, et predecessore meo decano, de bonis Facultatis ea que secuntur : Primo, papirum aliam, immediate precedentem, quinque codices continentem. Item, scrinium magnum[2] Facultatis. Item, aliud papirum in quo continentur littere et priuilegia multa Facultatis. Item, abreuiationes synonimorum Januensis[3]. Item, tractatum de tiriaca. Item, translationem carpinatam ex 5° colliget Auerrois. Item statuta antiqua Facultatis. Item, expositiones antiquas super partes Auicenne, in papiro. Item, 2um et 3um canonem Auicenne, in eodem volumine.

----

1. Les premiers statuts de la Faculté datent de 1270; ils urent revus en 1274, en 1281, en 1350, en 1599, imprimés en 1602, et transcrits la même année sur le compterendu du doyen en exercice. Voyez les *Commentaires*, t. IX, p. 410.

2. Ce grand coffre existait encore en 1762, ainsi que les quatre clefs de cuivre nécessaires pour l'ouvrir. Voyez Chomel, *Essai historique sur la médecine en France*, p. 160.

3. Sur cet ouvrage et les suivants, voyez pages 9 et suiv.

Item, concordancias Johannis de Sancto Amando. Item, duas laietas, in quibus sunt plures littere Facultatis. Item, librum Hebe Mesue, de simplicibus medicinis, cum practica eiusdem. Item, antidotarium clarificatum. Item, unum volumen magnum, in quo continentur plures libri Galieni. Item, duas claues, unam de scrinio in quo est sigillum Uniuersitatis, in Nauarra existenti, et aliam de scrinio magno Facultatis. Item, sex alias claues; unde sint nescio.

Item, Magister Guillelmus Boucherij habet concordancias Petri de Sancto Floro, antidotarium Albucasis, et totum continens Rasis in duobus voluminibus, in vadio de XXIJ francorum, ut continetur in alia papiro, in decanatu magistri Richardi de Bodribosco[1].

Item, magister Johannes de Bellomonte[2] habet

---

1. Il était Normand, et fut doyen en 1391.

2. On trouve la signature de ce Jean de Beaumont au bas de l'acte du 22 mai 1379, par lequel, à la demande de Charles V, l'Université se prononça en faveur de Clément VII contre son compétiteur Urbain VI. Voyez *Declaratio Universitatis Parisiensis, qua, ad instantiam regis Caroli V... Clementem papam VII tanquam verum ac legitimum pontificem ipsa agnoscit, eique se adhærere profitetur;* dans Duboulay, *Historia Universitatis Parisiensis,* t. IV, p. 566. Jean de Beaumont était du diocèse de Chartres, et ut recteur de l'Université en 1409. Duboulay, *opus citat.,* t. V, p. 886.

calicem cum patena argentea, et repositorio de corio in quo ponitur; et habet similiter in vadio pro VJ francis, ut habetur in alia papiro, in decanatu magistri de Bodribosco.

Item, duas recepi cedulas, sigillo rectorie sigillatas, quibus rector, nomine Uniuersitatis, fatetur tenerj Facultatj in XXIJ francos.

Anno Dominj M° CCC° nonagesimo quinto, die jouis post festum omnium sanctorum, que fuit quarta dies mensis nouembris, inceperunt lectiones suas magistri qui hic inscribuntur :

Magister Thomas de Sancto Petro;

Magister Guillelmus Boucherij;

Magister Johannes de Bellomonte;

Magister Radulphus de Herpis [1];

Magister Martinus Gazel [2];

Magister Petrus de Aussono [3];

---

1. Sans doute le même que *Radulphus de Herbis*, (Raoul des Herbes), qui signa également la déclaration de l'Université en faveur de Clément VII.

2. Martin Gazel n'a été mentionné ni par Ducange, ni par Chomel dans sa liste des médecins des rois de France. Nous avons cependant trouvé à la bibliothèque de la Faculté, dans un recueil de pièces manuscrites, un ordre de paiement fait au nom de Charles V, et qui constate que le 26 juin 1398, on a remis « la somme de deux cents livres tournois à maistre Martin Gazel, premier phisicien du Roy nostre sire. » Bibliothèque de la Faculté de médecine, *recueil manuscrit sur les médecins*, t. I, p. 89.

3. Voyez page 16.

Magister Henricus Creuessat;

Magister Thomas Blanche Cappe;

Magister Johannes Voignon;

Magister Albericus Diuitis [1];

Magister Johannes Richardj;

Magister Johannes Comitis [2];

Magister Bonifacius de Sanneuières;

Magister Johannes Plumion;

Magister Richardus de Baudri Bosco;

Magister Georgius de Castro;

Magister Johannes Leporis [3];

Magister Thomas Lemauge;

Magister Honoratus de Putheuillers;

Magister Guillelmus de Senonis;

Magister Johannes Parui [4];

---

1. Cet Albert Leriche était Picard. Il fut archidiacre d'Arras, et médecin du duc d'Orléans; il mourut en 1405.

2. Il était Picard.

3. Il faisait partie de la Faculté des arts depuis 1385, et était très-lié avec Nicolas de Clémange. Voyez Duboulay, *Historia Universitatis Parisiensis*, t. V, p. 890. — En 1409, il prêta 30 livres à la Faculté, et reçut en garantie le *Totum continens* de Rhases. Bertrand, *Annales medici manuscripti*, p. 300.

4. *Vir eloquentissimus et magnæ certe famæ eruditionis et doctrinæ, sed conductitiæ et venalis*, dit avec raison Duboulay dans son *historia universitatis Parisiensis*, t. V, p. 895. Ce Jean Petit était, en 1407, conseiller intime de Jean sans Peur; après l'assassinat du duc d'Orléans, il osa plaider publiquement que son maître, en agissant ainsi, s'était conduit

Magister Henricus Pilati;

Magister Johannes Tanquardj;

Magister Petrus de Vallibus;

Magister Petrus de Castanea;

Magister Egidius de Dulcedio;

Magister Johannes de Marla;

Magister Radulphus Prepositi;

Magister Johannes de Fontanis;

Magister Johannes du Martroy;

Magister Radulphus Blanche.

Die Sabbati, que fuit XJ^a dies mensis decembris, Facultate specialiter conuocata ad examinandum quosdam scolares volentes subire examen pro bachalaratu in medicine Facultate, fuerunt per Facultatem predictam examinati magistri : Henricus Dalami, gallicus; Franco Ghiisberti de Delf, almanus; Guillelmus Germoti, normanus, magistri in artibus; et, ipsis auditis, fuerunt per Facultatem ad examen admissi. Et tunc, in presencia Facultatis, jurauerunt solita juramenta magistri examinatores [1]

---

en bon chrétien, et avait bien mérité de Dieu et des hommes. Cette harangue a été publiée par Monstrelet dans sa chronique.

1. D'après les statuts de 1350, les examinateurs juraient de faire au doyen un rapport fidèle des épreuves qu'ils avaient présidé.

pro termino Sancti Remigij, videlicet : magister Johannes Richardi, gallicus; magister Henricus Pilati, gallicus; magister Johannes Tanquardj, normanus; magister Johannes de Marla, picardus. Presentibus ad hoc magistris Thoma de Sancto Petro, Guillelmo Carnificis, Johanne de Bellomonte, Alberico Diuitis, Johanne Richardi, Johanne Comitis, Johanne Leporis, Guillelmo de Senonis, Petro de Castanea, Johanne de Fontanis, et pluribus aliis.

Anno et die supradictis, Facultate vocata hora vesperarum ad videndum probationem temporis audicionis ipsorum in domo mea[1], presentibus magistris Henrico Creuessat, Alberico Diuitis, Georgio de Castro, Egidio de Dulcedio, Johanne de Marla, Johanne de Fontanis, Johanne Du Martroy, et me, probauerunt tempus sue audicionis.

Et primo, magister Franco Ghiisberti de Delf probauit de tempore sue audicionis quadraginta unum menses, nichil comprobando de anno presenti.

Item, Guillelmus Germoti, magister in artibus, probauit de tempore sue audicionis xxxviij menses, sine anno presenti.

Eadem die, Henricus Dalami, magister in arti-

---

1. Voyez page 4.

bus, probauit de tempore sue audicionis xxxvij menses, sine anno presenti[1].

Recepi tunc ab ipsis pro sigillandis suis cedulis, iiij sol.

Item, recepi a magistro Arnoldo Bouch, pro sigillatione cedule ordinarij anni nonagesimi quarti, ij sol. viij den.

Item, recepi a magistro Petro de Aussonno, pro refusionibus missarum, viij sol.

Item, recepi a magistro Roberto Maioris, pro sigillatione cedularum quarumdam, xvj sol.

Somma hujus, xxx sol. viij den.

Anno Domini 1395, octaua die januarij, que fuit dies sabbatj, post missam Facultatis, Facultate specialiter conuocata per bedellum[2], ut moris, ad examinandum, etc., se presentauerunt ad examen Facultatis subeundum magistri

---

1. Chaque aspirant au baccalauréat devait prouver qu'il avait suivi les cours de la Faculté pendant quarante-huit mois. Ce temps était réduit à trente-six mois, si le candidat était déjà maître ès arts, et nous avons vu que les trois étudiants dont il est ici question avaient ce titre. Les examinateurs pouvaient même fixer le temps du stage à vingt-huit mois seulement, en comptant chaque année d'étude de neuf mois et demi.

2. Le bedeau, à son entrée en fonctions, jurait d'avoir pour les régents respect et obéissance *in licitis et honestis*. Ses fonctions, très-compliquées, étaient minutieusement énumérées dans les statuts. Il est question un peu plus loin d'un sous-bedeau, *subbedellus*.

Jacobus Sacquespee[1], picardus; Johannes Gray, scotus; Petrus Buteti, picardus; Henricus Doingny[2], gallicus; et Robertus Maioris, picardus, magistri in artibus. Et quoniam nimis tarde videbatur, fuit de communi consensu Facultatis congregacio continuata usque post prandium in domo magistri Guillelmi Carnificis; et ibi, hora vesperarum, fuerunt magistri congregati, et scolares predicti examinati, et ad examen de communi concordia recepti. Et jurauerunt examinatores electi in alia congregacione precedenti, videlicet : magister Thomas de Sancto Petro, normanus; magister Albericus Diuitis, picardus; magister Johannes Leporis, gallicus ; magister Egidius de Dulcedio, picardus, loco magistri Johannis Plumion, picardi, substitutus; presentibus ad hoc magistris Guillelmo Carnificis, Johanne de Bellomonte, Henrico Creuessat, Johanne Comitis, Bonifacio de Sanneuieres, Thoma Lemauge, Guillelmo de Senonis aliter Pelliparij, Petro de Castanea, Johanne de Marla, Johanne de Fontanis, et me, una cum supra nominatis magistris examinatoribus, principali bedello et subbedello Facultatis.

---

1. Un Hugues Sacquespée fut doyen en 1399.

2. Henri Doigny fut doyen de la Faculté de 1400 à 1404. L'Université l'envoya comme député au concile de Pise en 1408 et à Rome en 1415.

Die decima eiusdem annj, Facultate conuocata specialiter ad videndum aprobacionem suj temporis in domo mea, Jacobus Sacquespee, magister in artibus, probauit de tempore sue audicionis xxxij cum dimidio menses, nichil comprobando de anno presenti.

Magister Johannes Gray, scotus, comprobauit de tempore sue audicionis xxxij menses cum dimidio, sine anno presenti.

Magister Petrus Buteti, picardus, probauit etiam xxxij menses cum dimidio, sine anno presenti.

Magister Henricus Doingnj, gallicus, probauit etiam xxxij cum dimidio, sine anno presenti.

Magister Robertus Maioris, picardus, probauit xlvij menses cum dimidio, sine anno presentj.

Recepi tunc ab ipsis, pro cedulis presentis annj sigillandis, a quolibet xvj den., videlicet vj sol. viij den.

Magister Franco Ghiisberti de Delf, quando incepit suos cursus, soluit quatuor bursas, quarum quelibet valet viij sol. Somma, xxxij sol. par.

Recepi a magistro Henrico Dalamj, quum incepit suos cursus, tantumdem pro 4 bursis, ij francos.

Item, recepi a magistro Henrico Doingnj in incepcione suorum cursuum pro 4 bursis, ij francos.

Item, a magistro Johanne Gray, quum incepit suos cursus, recepi pro 4 bursis, xxxıj sol.

Item, recepi a magistro Guillelmo Nepote pro sigillacione cedule ordinarii annj nonagesimi quarti, et[1] quinto terminati, ıj sol. vııj den.

Item, a magistro Helia Luce pro sigillacione cedularum duorum annorum et anni presentis, vııj sol. xvj den.

Item, a magistro Petro Johanne Petri de Grangiis, pro sigillacione quarumdam cedularum, ıııj sol.

Item, a magistro Johanne Fusoris, pro sigillacione cedule ordinarij annj nonagesimi quarti, terminati anno nonagesimo 5°, ıj sol. vııj den.

Somma: vıj libr. ıııj sol.

Die dominica que fuit xıııjᵃ februarij, quoniam die sabbatj precedenti nullam habueram conclusionem, fuit Facultas congregata in Sancto Maturino super duobus articulis. Primus fuit ad ordinandum de bachalariis ad examen pro licencia admittendis. Fuerunt xıııj bachalarij ad examen admissi, videlicet : Johannes Simardi ; magistri Johannes Belardi[2], Stephanus Garnerij,

---

1. Les mots *anno nonagesimo* sont sous-entendus.

2. Pierre Bélard, sans doute le père de celui qui est cité ici, signa, en mai 1379, la déclaration de l'Université en faveur de Clément VII.

Geraldus de Lingonis, Johannes Fusoris, Marcus de Mediolano, in artibus magistri, gallici; magistri Egidius Thibaudi, Johannes Cocineal, picardi; Johannes de Rhoda, Robertus de Sancto Germano [1], Philippus Herpin, Robertus Veteris, normanj; et magister Johannes de Pisiis, gallicus. Et est notandum quod fuit controuersia de predicto magistro Johanne de Pisiis [2], eo quod, ut dicebatur, uxoratus est. Tamen, perlectis statutis quejurare debent bachalarij antequam cancellario presentantur, et quibusdam aliis, scilicet illo quod juratur a bachalariis ad lecturam suorum cursuum admissis, videlicet quod non sunt uxorati neque cirurgici manualiter operantes [3], item alio quod quidem continetur inter statuta tangencia magistros, bachalarios et scolares, videlicet quod nullus uxoratus, durante matrimonio, admittatur ad legendum : visum fuit maiori parti magistrorum presentium quod ex quo, dum fuit bachalarius et perlegit suos cursus [4] et

---

1. Robert de Saint-Germain fut doyen de 1413 à 1414.

2. Jean Despois rentra à la Faculté après être devenu veuf; il fut doyen de 1410 à 1412.

3. Les bacheliers devaient jurer qu'ils n'étaient pas mariés et qu'ils ne *pratiquaient* pas la chirurgie.

4. Les bacheliers, pendant les deux premières années qui précédaient leur examen de licence, étaient tenus de *lire* dans les écoles, c'est-à-dire de commenter les auteurs ap-

frequentauit per duos annos disputaciones, et
illo toto tempore non fuit uxoratus; licet modo
esset, non propter hoc minus debet ad examen
cum aliis admitti et cancellario presentari,
attento etiam quod non sunt aliqua statuta
que habeant jurare bachalarij antequam cancellario presententur ad contrarium. Aliquj
tamen contradicebant, dicentes quod ex illis
duobus statutis supradictis sequitur satis clare
quod non potest admitti; et ideo quantum
erat in eis interimebatur [1]. Et fuerunt presentes
huic congregacioni magistri Thomas de Sancto
Petro, Guillelmus Boucherij, Johannes de Bellomonte, Radulphus de Herpis, Johannes Voignon,
Johannes Richardi, Johannes Comitis, Bonifacius
de Sanneuieres, Georgius de Castro, Johannes
Leporis, Honoratus de Puteo Villari, Henricus
Pelati, Johannes de Marla, Johannes de Fontanis,
Johannes Du Martroy, Radulphus Blanche, etc.

Die vero xvij^a que fuit jouis post Cineres, per
ordinacionem Facultatis, predicti bachalarij fuerunt admissi ad probandum suum tempus vel sue

prouvés par la Faculté. Ces leçons avaient lieu à cinq heures
du matin; aussi les bacheliers étaient-ils appelés *legentes de
mane.* Hazon, *Éloge historique de l'Université de Paris,*
p. 63.

1. Voyez page 5. On va voir au reste que Jean Despois
ne fut point admis à passer son examen.

audicionis in domo venerabilis magistri Thome de Sancto Petro.

Et primo, Johannes de Pisiis, magister in artibus, probauit de tempore sue audicionis 60 menses, sine anno presenti.

Magister Johannes Belardi probauit de tempore sue audicionis 57 menses, sine anno presenti.

Magister Johannes de Roda probauit 51 menses cum dimidio, sine anno presenti.

Magister Stephanus Garnerij probauit 61 menses, sine anno presenti [1].

. . . .

Die sabbatj que fuit xix^a februarij, Facultate sufficienter conuocata per bedellum post missam Facultatis in Sancto Maturino, ut moris est, et solempniter congregata super 2 articulis, primus fuit ad examinandum quosdam scolares. Et se presentauerunt magistri Johannes Petri, gallicus; Thomas Brown, anglicus; Helias Luce, Guillelmus Nepotis, normani; quj pro tunc fuerunt per presentes magistros temptati, et postea ex deliberacione predictorum magistrorum, presentibus magistris Thoma de Sancto Petro, Guillelmo Boucherij, Johanne de Bellomonte, Alberico Diuitis, Johanne Richardi, Johanne Comitis, Bonifacio de Sanneuieres et pluribus aliis, etc.

_____

1. Nous supprimons la suite de cette énumération, qui comprend encore neuf mentions identiques.

Magister Jacobus Sacquespee pro 4 bursis quum incepit lectiones suorum cursuum, soluit ij fr.

Magister Guillelmus Germoti et magister Petrus Butetj soluerunt pro quatuor bursis, iiij fr.

Die vero 21ᵃ ciusdem [1], magistris conuocatis in nonis Nostre Domine ad videndum probacionem temporis sue audicionis in domo mea, probauerunt per modum infra scriptum, presentibus magistris Johanne de Bellomonte, Radulpho de Herpis, Alberico Diuitis, Bonifacio de Sanneuieres, Johanne Plumion, Johanne Leporis, Thoma Le Mauge, Johanne de Marla, Johanne de Fontanis et pluribus aliis magistris regentibus ciusdem Facultatis.

Et primo, magister Johannes Petri probauit de tempore sue audicionis 33 menses cum dimidio, sine anno presenti.

Secundo, Thomas Brown, magister in artibus, ut dicit, pro probacione suj temporis quoddam instrumentum in Anglia confectum, manu cuiusdam notarij vocati Johannis Rampton, Wintoniensis diocesis, apostolici notarij, signatum exhibuit; in quo continetur, quod dictus magister Thomas sex ánnis cum dimidio audiuit medicinam in studio Oxoniensi [2], ut idem magister Tho-

---

1. Sous-entendu *mensis*.

2. L'Université d'Oxford, dont on fait remonter la fondation jusqu'à Alfred le Grand, au viiiᵉ siècle, était devenue

mas asseruit in presencia dictj notarij, et tunc
ostendit per cedulas in Oxoniensi [1] fieri
solitas de tempore audicionis studencium, ut
apparebat, quas idem notarius vidit, legit et pal-
pauit. Et quoniam Facultas alias de speciali gra-
cia sibi concessit quod medietas [2] quod poterit
legitime probare se audiuisse in alio studio generali sibi computaretur, etc.; at tamen quoniam
istud instrumentum magistris presentibus non
faciebat fidem planam, quoniam ignorabant an
supra nominatus Johannes esset notarius : volentes secum generose quantum poterant agere,
admiserunt ipsum ad examen pro bachalaratu,
sic tamen quod de tempore predicto teneretur
fidem facere per litteras patentes sigillatas sigillo
Facultatis medicine predicti studij et universitatis. Neque aliter sibi aliquid computabitur
de predicto tempore quum veniet ad licen--
ciam [3].

---

très-célèbre au XIIIe; on y comptait vingt mille étudiants
environ, cinq mille seulement de moins qu'à Paris. Sa bibliothèque, aujourd'hui une des plus riches de l'Europe,
comprenait alors une vingtaine de volumes, qui étaient ren-
fermés dans des coffres placés sous l'église Sainte-Marie;
mais presque aussitôt, vers 1340, Richard de Bury lui laissa
sa belle collection de livres, avec des fonds pour l'entretenir.

1. Sous-entendu *studio.*

2. Sous-entendu *temporis per.*

3. On pouvait contester l'authenticité du certificat produit
par Th. Brown, mais l'authenticité une fois admise, le candidat

Magister Helias Luce probauit eadem die 32 menses, sine anno presentj. Magister Guillelmus Nepotis probauit de tempore sue audicionis 38 menses, sine anno presentj. Soluerunt pro cedulis sigillandis v sol. iiij den.

Die vero 24 eiusdem mensis, magistris regentibus Facultatis conuocatis solempniter per bedellum apud Sanctum Maturinum, ut moris est, hora tercia post meridiem, super duobus articulis, super facto bachalariorum in precedenti congregacione, que fuit die xvij^a februarii, ad examen pro licencia admissorum, quj iam per singulos magistros examinati fuerant, vel saltem ipsi magistros contemptauerant de examine, scilicet ad ipsos ulterius ad licenciam admittendos, et ad eligendos magistros sub quibus sunt licenciandi et incepturi. 2us articulus fuit super superbiis et iniuriis. De primo deliberatum fuit quod 12 numero ad licenciam admitterentur et presentarentur cancellario. 13us vero, videlicet magister Johannes de Pisa non fuit admissus, obstantibus aliquibus statutis, ut visum fuit maiori parti Facultatis. Alij vero 12 elegerunt

---

remplissait toutes les conditions exigées. Les statuts voulaient en effet que le temps d'étude passé dans une autre université comptât pour moitié du temps ordinaire. Il fallait en outre que le candidat, avant de subir son examen, eût étudié au moins un an à Paris.

magistros per modum quj sequitur, post juramenta prestita per eos, ut solitum est[1].

. Et primo Johannes Simardi elegit magistrum
Guillelmum Boucherij[2].

. . . .

In crastino vero de mane, circa horam deci-
mam, fuerunt presentati cancellario, presentibus magistris Guillelmo Boucherij, Johanne
Leporis, Johanne de Fontanis, et me, magistris
regentibus dicte Facultatis.

Die sexta mensis martij, Facultate conuocata
per bedellum et sufficienter congregata in Sancto
Maturino, de mane hora septima, super duobus
articulis.

. . . .

Sequitur ordo obseruatus in licencia bachalariorum cancellario per Facultatem presenta-
torum :

1[us] Magister Johannes Fusoris, 24 sol.

2[us] Magister Marcus de Mediolano, 24 sol.

3[us] Magister Johannes de Roda, 18 sol.

4[us] Magister Johannes Belardi, 24 sol.

---

1. Avant d'être présentés au chancelier, les bacheliers
qui voulaient subir l'examen de licence, juraient d'observer
fidèlement les statuts de la Faculté, de l'aider dans toute
entreprise faite contre ses droits, d'assister en robe aux
messes solennelles, etc., etc.

2. Suivent douze mentions semblables.

5us Magister Robertus de Sancto Germano[1], 24 sol.

6us Magister Egidius Thibaudi, 24 sol.

7us Magister Philippus Herpin, 24 sol.

8us Magister Geraldus de Lingonis, 18 sol.

9us Magister Stephanus Garnerij, 24 sol.

10us Magister Johannes Cocinelli, 24 sol.

11us Magister Robertus Veteris, 24 sol.

12us Dominus Johannes Simardj, 24 sol.

Somma totalis : xvij franc. 4 sol. paris. Valet 13 lib. 16 sol.

Magister Johannes Fusoris principiauit in medicina sub magistro Guillelmo Boucherij, xxiij^a marcij; et soluit pro una bursa nichil, quoniam pono ipsam infra ad aliud.

Die vicesima quarta eiusdem mensis post missam Facultatis, Facultate sufficienter vocata per bedellum super duobus articulis : primus ad eligendum examinatores pro termino Pasche[2]; 2us super simplicibus injuriis. Quantum ad primum, fuerunt electi magistri Johannes Comitis, picardus; Bonifacius, gallicus; Richardus

---

1. En 1417, Robert de Saint-Germain prêta à la Faculté deux écus d'or, et reçut en garantie un manuscrit de Mesué; il restitua ce volume le 29 janvier. *Synopsis rerum memorabilium*, p. 22.

2. Les examinateurs étaient alors choisis trois fois par an: le premier samedi après l'exaltation de la Sainte-Croix, le troisième samedi avant Noël, et à Pâques.

de Bodri Bosco, et Petrus de Castanea, normani. Quantum ad 2um, conquesti sunt plures
magistrorum presencium quod magister Johannes Fusoris, nuper in suo principio non fecit
debitum suum de dandis bonis bonetis et ciro-
thecis magistris astantibus suo principio, sicut
tenetur; quod etiam visum fuit Facultati non
esse honestum. Propterea ordinauit pro tunc Facultas quod satisfaciat quibus non satisfecit, et
quod amodo nullus bedellorum audeat magistris
aliquibus cirothecas vel bonetos presentare ,
nisi fuerint per decanum , nomine Facultatis ,
visitati et approbati, teste sigillo paruo Facultatis;
et si de cetero decanus aliquis acceptet non ac-
ceptandos, priuetur secundum arbitrium et ordinacionem Facultatis[1]. Fuit eciam ordinatum
quod decanus a licenciatis magistris magistrandis
reciperet secundam bursam a quolibet pro jubi-
leo preterito, duntaxat ad soluendum pulpitum

---

1. Ce passage est très-curieux, et rappelle une des cou-
tumes les plus singulières de l'Université. Les gants furent,
au moyen âge, une redevance fort employée; dans plusieurs
circonstances, le vassal était tenu d'en offrir à son suzerain.
Comme on le voit ici, les élèves devaient des gants et des
bonnets à leurs examinateurs; les régents rendaient le
même hommage aux cardinaux et aux princes qui daignaient
visiter l'Université. Charles VIII, étant venu assister à une
thèse de doctorat, reçut des mains du recteur, des gants et
deux bonnets, l'un d'écarlate et l'autre violet.

nouum cum cathedra que sunt apud Sanctum
Maturinum, quoniam noluerunt magistrj pre-
sentes quod soluerentur de pecunia Facultatis.
Et fuerunt presentes isti congregacionj ma-
gistri Johannes de Bellomonte, Thomas Blan-
checappe, Albericus Diuitis, Johannes Comitis,
Bonifacius de Sanneuieres, Honoratus de Puteo
Villarj, Henricus Pelati, Petrus de Castanea,
Johannes de Marla et quibusdam aliis regentibus
dicte Facultatis.

. . . .

Les *Commentaires* de la Faculté de médecine de
Paris se composent aujourd'hui de vingt-quatre
registres. Les six premiers sont de format petit
in-folio; les autres, à partir du tome VII, de-
viennent subitement grand in-folio. Tous sont
reliés en parchemin; et, jusqu'au tome XVIII,
chaque volume est muni de fermoirs très-simples
en cuivre.

Ces registres contiennent, sans interruption,
tous les comptes-rendus rédigés par les doyens
depuis l'année 1395 jusqu'à l'année 1786, dans
l'ordre suivant :

Tome Ier . . . . 1395 à 1435.
— II . . . . 1435 — 1472.
— III . . . . 1472 — 1511.
— IV . . . . 1511 — 1532.

—	V...............	1532 —	1544.
—	VI.............	1544 —	1557.
—	VII............	1557 —	1572.
—	VIII..........	1572 —	1597.
—	IX............	1597 —	1604.
—	X.............	1604 —	1612.
—	XI............	1612 —	1622.
—	XII...........	1622 —	1636.
—	XIII..........	1636 —	1653.
—	XIV..........	1653 —	1662.
—	XV...........	1662 —	1672.
—	XVI..........	1672 —	1690.
—	XVII.........	1690 —	1712.
—	XVIII........	1712 —	1723.
—	XIX..........	1723 —	1733.
—	XX...........	1733 —	1746.
—	XXI..........	1746 —	1756.
—	XXII.........	1756 —	1764.
—	XXIII........	1764 —	1777.
—	XXIV........	1777 —	1786.

On lit au verso de la couverture du premier
olume :

*Hunc librum a multis annis latentem recepi
ie 20 novembris 1650.*

Guido Patin, decanus.

Puis au-dessous :

Appertum fit ex inuentoriis bonorum facultatis duos alios libros hunc præcedentes his temporibus extitisse, quorum pluries fit mentio sub his verbis : duas papiros antecedentes præsentem quæ per decanos acta continent.

Reneaume, decanus, 1735.

Le second volume porte la note suivante :

Die dominica 19 Febr. 1651, recepi hunc librum quem multi ante me decani nunquam viderunt.

Guido Patin, decanus.

Ces comptes-rendus devinrent bientôt beaucoup plus détaillés que celui que nous avons reproduit; à partir du seizième siècle, les doyens adoptèrent un titre, une forme et des divisions qui subsistèrent à peu près sans changements jusqu'à la Révolution. Voici au reste la composition exacte de chacun de ces documents; pour en donner une idée plus complète, nous ferons suivre chaque titre de quelques lignes choisies dans les différents volumes.

AUXILIUM MEUM A DOMINO [1]

COMMENTARIUS
RERUM
IN SALUBERRIMA MEDICINÆ FACULTATI PARISIENSI
GESTARUM
cum tabulis accepti et impensi

A die decimo quinto mensis novembris anni M.DCC.LVII
Ad diem quintum mensis novembris anni M.DCC.LVIII

MAGISTRO JOANNE BAPTISTA BOYER
decano [2].

Les *Commentaires* débutent toujours de la même manière. Le premier chapitre n'a pas de titre spécial, et il est invariablement consacré au récit de la séance tenue par les docteurs pour la nomination d'un nouveau doyen. Depuis l'origine de la Faculté, l'époque de cette réunion était fixée au samedi qui suivait la Toussaint,

---

1. Cette formule varie fréquemment, et ne se rencontre guère avant le XVIIe siècle : les doyens emploient alors indifféremment: *Gloria in excelsis Deo. — Intende in adjutorium meum Deus salutis meæ. — Uni et Trino*, etc.

2. Ce titre est moins complet dans les premiers volumes. Voici une des formes les plus usitées : *Commentarius eorum quæ acta sunt eo tempore quo magister Ægidius Heron, Parisiensis, ex decreto Facultatis decani munere functus est.* — Gilles Héron fut doyen de 1603 à 1604.

primo sabbatho post festum omnium sanctorum[1].
La séance était ouverte par un discours du doyen
sortant, qui rendait ensuite compte de sa ges-
tion.

Voici la formule employée chaque année pour
l'entrée en matière :

Anno Domini millesimo septingentesimo tri-
gesimo quarto, die sabbati post festum omnium
sanctorum sexto novembris, Facultas legitime
convocata fuit a Magistro Theodoro Hyacintho
Baron, tunc decano, per schedulam ab appari-
toribus delatam, decanum et professores electura.
Convenere frequentes in scholas superiores docto-
res medici, hora decima matutina, post sacrum,
more solito...

Hugues le Sage, en 1330, fut le premier
doyen élu. Jusque là cette dignité appartenait
de droit au plus ancien docteur, usage qui fut
conservé par la Faculté de théologie.

NOMINA ET COGNOMINA HONORANDORUM MAGISTRORUM REGENTIUM[2] SALUBERRIMÆ FACULTATIS MEDICÆ PARISIENSIS.

Dans l'origine, les doyens se contentaient d'in-

---

1. *Commentaria Facultatis medicinæ Parisiensis*, t. X,
p. 416.
2. A partir du xve siècle, on lit seulement : *doctorum.*

diquer sous ce titre le nom et le prénom de chaque docteur :

Marcus Myron, medicus regius[1]. (Année 1599).

Plus tard, on y joignit tous les titres auxquels ceux-ci pouvaient prétendre :

Antonius de Jussieu, regiæ scientiarum academiæ, regiarumque societatum Angliæ et Prussiæ socius, botanices in horto regio parisiensi professor et demonstrator. (Année 1733).

Ludovicus Claudius Bourdelin, parisinus, antiquus Facultatis decanus, regiæ scientiarum academiæ, regiæque societatis Berolinensis socius, in horto regio chimiæ professor, et Galliarum principum medicus primarius. (Année 1772).

DISPUTATIONES QUODLIBETARIÆ.

Ces *questions* ou *thèses quodlibétaires* précédaient l'examen de licence. Cette épreuve durait, pour chaque candidat, six heures consécutives, de six heures du matin à midi. Le président de la thèse prenait le premier la parole, et argumentait contre le bachelier, qui devait ensuite, de huit à onze heures, répondre à toutes

---

1. Il fut médecin de Henri III, et, en cette qualité, l'accompagna en Pologne. Il mourut le 1er novembre 1608.

les objections qui lui étaient proposées par neuf docteurs. A onze heures, les examinateurs faisaient au candidat une dernière interrogation qu'ils avaient le droit de choisir en dehors de la thèse, c'est de là que vient le nom de *quodlibétaire*. Après cette longue séance, si l'épreuve était favorable, le président se levait, et prononçait ces mots : *Audivistis, viri clarissimi, quam bene, quam apposite, responderit baccalaureus vester; eum, si placet, tempore et loco commendatum habebitis.*

Dès l'année 1395, il est question de thèses dans les *Commentaires*; mais ils n'en fournissent les titres qu'à partir de 1574. Elles étaient primitivement in-folio, le format in-quarto fut adopté en 1662. Quelques-unes soulèvent les questions les plus étranges. Voici plusieurs exemples curieux : 19 mai 1586, thèse de Simon Pietre : *An per incantationes fit curatio?* — 19 juillet 1668, thèse de Claude Guérin : *An utrum Thobiæ ex piscis felle curatio naturalis?* — 1685, thèse de Philippe Hecquet : *An, ut virginitatis, sic virilitatis, certa indicia?* — 30 juin 1692, thèse de Cl. Bourdelin : *Ex qua parte manaverit aqua quæ profluxit e mortui Christi latere perforato lanceæ acuto mucrone?*

Les *Commentaires* indiquent toujours exactement, outre le sujet de la thèse *quodlibétaire*, les noms du président et du candidat :

Die martis 4 decembris (1597), *disputavit de quodlibetaria M^{er} Nicolaus Marchant, respondente Joanne de Gayette, Lutetiano, de hac quæstione : Est ne fœtus matri quam patri similior?*

Die jovis 17 decembris (1733), *disputavit de quodlibetaria quæstione M^{er} Johannes-Baptista Ludovicus Chomel, respondente baccalaureo M° Francisco Felicitate Cochu, Sangermano in Laya. Quæstio fuit talis, affirmative conclusa : An casti rarius ægrotant, facilius curantur?*

QUÆSTIONES CARDINALITIÆ.

Quand le cardinal Guillaume d'Estouteville vint, en 1452, examiner et réformer l'Université de Paris, il appela l'attention des professeurs de la Faculté sur l'étude de l'hygiène, qui était encore fort négligée. Il ordonna que les bacheliers soutiendraient une thèse sur cette branche importante de l'art médical; et cette épreuve, en souvenir de son fondateur, prit et conserva le nom de *Thesis* ou *quæstio cardinalitia, thèse cardinale.* Comme la thèse quodlibétaire, celle-ci durait six heures de suite, de six heures du matin à midi. Les *Commentaires* sont également très-complets à cet égard :

Die jovis 14° martii (1577), *respondit de cardinalitia quæstione M^{er} Petrus Arthuys, Autissiodorensis, preside Dr Gulielmo de la Barre. Quæs-*

tio autem erat : An in peracutis, turgente materia, eodem die est purgandum.

Die jovis 8° aprilis (1745), disputavit M^{er} Jacobus Antonius Millet de quæstione cardinalitia : An litteratis vita cælebs? *et conclusit affirmative. Proponebat Antonius Petit, Aurelianus, a sexta ad meridiem.*

ANTIQUODLIBETARIÆ QUÆSTIONES, QUÆ VULGO PASTILLARIÆ NUNCUPANTUR.

Ces *quæstiones pastillariæ* étaient une des épreuves subies par les licenciés qui aspiraient au doctorat. Elles perdirent d'ailleurs beaucoup de leur importance vers le xviie siècle, en proportion de celle qu'acquéraient les *vesperies*. Les *Commentaires* indiquent ainsi les *quæstiones pastillariæ* :

Die mercurii 21° mensis novembris (1576), disputavit de pastillaria M^{er} Germanus Courtin, et quæstionem hanc proposuit candidato : An temperamentum simul cum semine a generante transfunditur?

Die martis 27° februarii (1608), disputavit de pastillariâ quæstione M^{er} Michael Toutain, doctor medicus, qui medicinæ candidato hanc quæstionem proposuit : An hystericis virginibus Venus?

QUÆSTIONES IN ACTIBUS VESPERIARUM ET DOCTORATUUM AGITATÆ.

La *vesperie* précédait de quelques semaines la

réception du bonnet de docteur. Le candidat soutenait d'abord sur un point donné une discussion avec deux professeurs. Le président prononçait ensuite un discours latin destiné à exposer au récipiendaire la dignité et l'importance de la profession qu'il allait embrasser, et la meilleure manière d'en remplir les devoirs :

Die martis 8° januarii (1577), vesperisatus fuit M[er] Dominicus Bourgoing, preside D° Augustino Frondebeuf, qui quidem preses hanc candidato quæstionem proposuit : Est ne cibus calidior hyeme salutaris ?

Die martis 30° januarii (1601), M[er] Michael Toutain, licentiatus, respondit de vesperiarum quæstione, preside M° Nicolao Jabot, qui candidato hanc quæstionem proposuit : An dies nonus criticus ?

QUÆSTIONES MEDICO CHIRURGICÆ.

Ces thèses n'apparaissent que fort tard sur les registres de la Faculté. Elles sont d'ailleurs en général indiquées avec autant de soin que les précédentes :

Die jovis 11 martii (1734), M[er] Johannes-Baptista Boyer, regis consiliarius, et in senatu Parisiensi medicus ordinarius, disputavit de quæstione quodlibetaria chirurgica. Talis fuit quæstio affirmative propugnata, respondente baccalaureo

M° *Jacobo Francisco Vandremonde, Landraceno :*
An fistulæ ani sectio chirurgica ?

ORATIONES PUBLICÆ.

Le titre indique suffisamment à quelles matières ce chapitre est consacré. Voici d'ailleurs deux exemples :

Dieu aidant.

Mᵗʳᵉ *Elie Col de Vilars, docteur régent de la Faculté de médecine de Paris, conseiller médecin ordinaire du Roy en son Châtelet, professeur de chirurgie en langue françoise, ouvrit ses cours par un discours public, qu'il prononça dimanche 29 novembre 1733, à 2 heures après midi, et par lequel il prouva que la chirurgie est plus redevable de sa perfection aux anciens qu'aux modernes.*

Dieu aidant.

Maitre Noel Marie de Gevigland, docteur régent de la Faculté de médecine et professeur de chirurgie en langue françoise, prononça, pour l'ouverture solennelle des écoles de chirurgie, un discours public sur l'origine de la chirurgie, le dimanche 24 novembre 1744 à 4 heures et demie après midi.

OBITUS DOCTORUM.

Ce chapitre, qui n'existe malheureusement pas
dans les premiers volumes, renferme des documents très-curieux, et qu'on chercherait vai-
nement ailleurs. Quelques-unes des notices
qu'on y trouve prennent, surtout à partir du
xviii° siècle, toutes les allures d'une petite oraison funèbre :

*Die sabbati 30° octobris (1734), M^{er} Ægidius
Adam, Constantiensis, hora sesquiseptima vespertina, obiit, morbo abdominis inflammatorio cor-
reptus, annum agens 49um. Ipsius corpus, maxima
comitante doctorum caterva, delatum est ad ædem
Deo sacram sub invocatione S^{ti} Severini, et sepul-
tum est in ejusdem ecclesiæ ossuario. Collegæ
amicissimo det Deus requiem sempiternam !*

*Die jovis 29° septembris (1763), vitam cum morte
commutavit M^{er} Ludovicus Alexander Viellard,
San-Laudæus; sacris fontibus ablutus fuerat die
21° mensis maii, anni 1714, in ecclesia parochiali
Sancti Thomæ San-Laudæi. Repetita per plures
continuos dies vasorum pectoris hæmorrhagia cor-
reptus, deinde tussi, febre continua usque ad
quinquagesimum diem protracta, pulmonorum
suppuratione confractus, suam mortem præsa-
giens, hanc vidit impavidus, ad sanctissima reli-
gionis sacramenta pie confugit, sagax et bonæ*

mentis.... Postero die, veneris scilicet, tumulo conditum fuit ejus corpus in ecclesia Sancti Eustachii; ipsius funeri interfuit Facultas.

DEMONSTRATIONES ANATOMICÆ. OPERA CHIRURGICA, GALENICA ET CHIMICA IN AMPHITHEATRO CELEBRATA.

DIEU AIDANT.

JACQUES-BENIGNE WINSLOW,

docteur-régent

et ancien professeur

de la Faculté de médecine de Paris,

professeur en anatomie et en chirurgie au Jardin roïal, etc.

Fera pour l'inauguration du nouvel amphithéâtre des écoles de médecine[1] un cours public d'anatomie en langue françoise, et exécutera lui-même la dissection et la démonstration des parties du corps humain sur un cadavre masculin, comme il a fait cy-devant dans l'ancien amphithéâtre.

Il commencera le jeudi 18e février 1745, à 3 heures après midi précises, dans l'amphithéâtre des écoles de médecine, rüe de la Bucherie, vis-à-vis le petit pont de l'Hôtel-Dieu.

Défenses d'entrer avec cannes et épées.

---

1. Voyez pages 33, 34 et 36.

DIEU AIDANT.

M. François Méry, docteur-régent

de la Faculté de médecine
en l'Université de Paris
et ancien professeur de chirurgie en langue françoise.

Expliquera publiquement, en faveur des étudiants en chirurgie, tout ce qui concerne les opérations chirurgicales. et les fera exécuter sur le cadavre d'un homme par Me Antoine François Barbault, habile chirurgien juré à Saint-Côme.

Il commencera son cours samedy deuxième décembre 1741, à deux heures précises après midi.

C'est en 1634 que la chaire de chirurgie fut créée à la Faculté, et Antoine Charpentier fut le premier qui l'occupa. Les professeurs, lors de leur nomination, juraient encore de faire leurs leçons « en robe longue, à grandes manches, ayant le bonnet carré sur la tête, le rabat au cou, et la chausse d'écarlate à l'épaule. »

ACTA, COMITIA ET DECRETA FACULTATIS.

C'est le chapitre le plus important et aussi le plus détaillé de chaque compte-rendu. On y trouve des renseignements précieux sur les relations de la Faculté avec le Gouvernement et avec l'Église. Pour être intéressantes, nos citations devraient être fort longues; nous ne donnerons que quelques lignes, qui sont relatives aux interminables querelles de la Faculté avec les chirurgiens :

Die jovis 22 mensis novembris (1576), convocatis in scholas superiores doctoribus, ut de refrænanda chirurgigorum publice docendi in academia facultatem sibi concedi postulantium audacia et pernicacitate denuo consilium ineretur...

RES GESTÆ IN ACADEMIA PARISIENSI.

Chapitre plein d'intérêt, et qui renferme un grand nombre de faits ignorés relatifs à l'histoire de l'Université :

Die lunæ 8° mensis Augusti anni 1763, convocati sunt deputati Universitatis cum adjunctis apud amplissimum rectorem in Grassinæo [1]*, unde processum est ad majores Sorbonæ scholas; ubi, habita prius eleganti et concinna oratione a M. Louvel, præmia academica distributa fuerunt, præsente illustrissimo senatu Parisiensi...*

Die Mercurii 7 novembris (1576), habitis apud Mathurinenses comitiis, ut nonnulli seligerentur ex academia viri qui de illius privilegiis atque immunitatibus et reliquis ad restituendæ academiæ pristinum illius splendorem ac dignitatem

----

1. Le collége des Grassins.

pertinentibus... nominati sunt quatuor theologi doctores, fidei, integritate, vitæ innocentia, authoritate præstantes, acri judicio et singulari doctrina præditi... quorum fidei res tota fuit demandata...

RES GESTÆ APUD CHIRURGOS PARISIENSES.

Chapitre presque exclusivement consacré à l'indication des examens subis par les étudiants en chirurgie.

Die Jovis 23 septembris, dictus Maisonneuve, inter chirurgos barbitonsores receptus est.

Die Veneris 4 decembris (1733), dictus Pouchault filius primo examine tentatus est.

OBSTETRICES MATRONÆ EXAMINE IN ÆDIBUS SANCOSMIANIS TENTATÆ ET ADMISSÆ.

L'instruction des sages-femmes fut très-négligée jusqu'à la seconde moitié du xviiie siècle. Leurs examens, auxquels on attachait fort peu d'importance, avaient lieu dans la maison Saint-Côme, qui appartenait à l'école de chirurgie. Les *Commentaires* donnent chaque année la liste des sages-femmes qui ont subi leurs épreuves :

Obstetrices apud barbitonsores chirurgos examinatæ et ad magisterium admissæ, decano præsente, annuente et probante :

Die lunæ 8° martii (1734), dicta Duplessis...

Die sabbati 16 *novembris* (1772), *dicta Gau-
mont...*

RES GESTÆ APUD PHARMACOPÆOS PARISIENSES.

Les pharmaciens étaient soumis à la Faculté,
et lui payaient une redevance qu'ils venaient
individuellement acquitter chaque année. Le
jour de leur réception, ils juraient en outre de
consentir à laisser, deux fois l'an, visiter leur
officine par le doyen, accompagné de quatre
régents :

Die 31 *Augusti* (1772), *officinas pharmacopœorum
perlustravere MM. Le Thieullier decanus, Berger
et Bellot pharmaciæ professores, cum duobus doctoribus, concomitantibus pharmacopœorum custo-
dibus.*

Die Martis 30° *mensis Augusti anni* 1763, *cùm
duobus pharmaciæ professoribus et cum tribus
pharmacopœorum parisiensium præfectis... in
horto pharmacopœorum interrogavimus ab hora
nona matutina ad meridiem, et a tertia vespertina
ejusdem diei ad sextam, de utraque pharmacia
operationibus. Quibus quidem quæstionibus ubi
satisfecit, ipsi designavimus diem mercurii sequen-
tem ad confectionem variarum præparationum.*

On voit que les examens subis par les élèves
en pharmacie étaient devenus très-sérieux, et
roulaient à la fois sur la théorie et sur la pratique.

CODEX RATIONARIUS

ACCEPTI ET EXPENSI ORDINARII ET EXTRAORDINARII

PARS PRIOR

TABULA ACCEPTI.

Caput I. — *Ex annuo reditu Facultatis*[1].

Caput II. — *A barbitonsoribus chirurgis*[2].

Caput III. — *A baccalaureis, in quæstionibus quodlibetariis pathologicis; pro stipendio lectorum et registro.*

Caput IV. — *A baccalaureis, in iisdem quæstionibus; pro horto.*

Caput V. — *A baccalaureis, in iisdem quæstionibus; pro anatomia et schedulis non registratis.*

Caput VI. — *A medicinæ candidatis, antequam ad examen admittantur; pro anatomia.*

Caput VII. — *A medicinæ candidatis ad baccalaureatum admissis.*

---

1. On lit sur le compte-rendu de 1772 : *A M° Guillotin, pro annua locatione majorum Facultatis ædium, accepit decanus* 450 *lib.*

2. *A societate tonsorum chirurgorum, qui debent Facultati singulis annis quinque libellas turonenses, accepi V lib.* (1653).

Caput VIII. — *Ab iisdem, pro sacello et ornamentis.*

Caput IX. — *A baccalaureis emeritis, antequam ad licentiam admittantur; pro jure bursarum.*

Caput X. — *A baccalaureis emeritis, pro mulctis irrogatis.*

Caput XI. — *A baccalaureis emeritis, pro jure præsentationis et sacello.*

Caput XII. — *Pro primo licentiæ gradu.*

Caput XIII. — *A licentiatis, pro doctoratu.*

Caput XIV. — *A licentiatis, pro aulæorum usu.*

Caput XV. — *A reliqua pecunia, propter absentiam doctorum* [1].

Caput XVI. — *A medicinæ studiosis, pro jure inscriptionum et sigilli* [2].

---

1. Les docteurs étaient tenus d'assister aux nombreuses messes que faisait dire la Faculté. Leur présence était constatée par le bedeau, qui remettait à chacun un petit jeton en plomb; ceux-ci étaient échangés, le premier samedi du mois suivant, contre une somme déterminée. Les absences étaient punies d'une amende qui se répartissait entre les docteurs qui avaient été présents.

2. *A medicinæ studiosis, quorum nomina, propria eorum manu, in codice inscriptionum scripta sunt: per totum mensis Januarii 1763, accepi* 564 *lib.; mensis Martii,* 522 *lib., mensis Maii,* 468 *lib.; mensis octobris,* 534 *lib.* Chaque élève inscrivait, en effet, *propria manu,* son nom sur un registre *ad hoc,* et choisissait en même temps deux profes-

PARS POSTERIOR.

TABULA EXPENSI.

CAPUT I. — *Pro rebus et negotiis Facultatis.*

CAPUT II. — *Pro honorario professorum, ex ære Facultatis.*

CAPUT III. — *Pro refusionibus Facultatis.*

CAPUT IV. — *Pro anatomia, operibus chirurgicis, pharmaceuticis et chymicis, in amphitheatro celebratis.*

CAPUT V. — *Pro honorario professorum, ex ære academiæ.*

CAPUT VI. — *Pro honorario professorum, a rege concesso et a postarum quæstore solvendo* [1].

CAPUT VII. — *Pro rebus sacris* [2].

---

seurs qui devaient plus spécialement lui servir de conseillers et de guides. Nous avons retrouvé à la bibliothèqu₃ de la Faculté le registre autographe des inscriptions prises de 1753 à 1774. Voyez plus loin.

1. En 1733, les professeurs recevaient : de la Faculté, 90 liv.; de l'Université, 200 liv.; et du revenu des postes, 300 liv.

2. *Pro pane sacro in die Paschali, nomine Facultatis, oblato in ecclesia Sancti Stephani a monte; pro cereis et offertorio, solvit decanus, 32 lib. 14 s. — Ludovico Lebret, majori Facultatis apparitori, pro mundatis per annum sacelli linteis; pro pane azymo et vino ad missarum cele-*

CAPUT VIII. — *Pro rebus academiœ* [1].

CAPUT IX. — *Pro Facultatis bibliotheca* [2].

CAPUT X. — *Pro solvendis annuis pensionibus.*

CAPUT XI. — *Pro sumptibus factis occasione baccalaurei qui prœmium in concursu consecutus est.*

II

MANUSCRITS RELATIFS AUX COMMENTAIRES.

MANUSCRIT DE PAJON.

Nicolas Ellain, dans le compte-rendu de son décanat, en 1597, raconte qu'il a retrouvé de vieilles chartes relatives à l'histoire de la Fa-

---

brationem per annum suppeditatis, solvit decanus, 37 *lib.* 16 *s.* (Compte-rendu de 1763).

1. *Die VI[a] aprilis* 1601, *in comitiis apud Mathurinenses habitis, in quibus actum est de admittenda resignatione Christophori Bois, librarii jurati, in favorem Davidis Douceur, distribuit decanus duodecim solidos.* On sait que la corporation des libraires faisait partie de l'Université, qui, en 1259, 1275, 1323, et 1342 lui avait donné des statuts très-détaillés. Les libraires ne pouvaient mettre en vente aucun ouvrage avant qu'il eut été examiné par l'Université, qui en fixait le prix.

2. *M[ro] Claudio Dionysio Dienert, bibliothecœ Facultatis prœfecto, pro annua pensione quam Facultas largitur in*

culté. On n'attacha, paraît-il, nulle importance à ces documents, sur lesquels d'ailleurs Ellain ne fournit aucun détail. A la fin du siècle dernier, Pajon de Moncets ayant rencontré par hasard ce passage des *Commentaires*, entreprit des recherches, et découvrit dans la sacristie de l'école un vieux coffre, fermé par quatre serrures; il parvint, non sans peine, à l'ouvrir, et y trouva les curieux parchemins qu'avait mentionnés Nicolas Ellain. C'étaient des titres, des statuts, des règlements, des procès-verbaux et des pièces originales, dont la plus ancienne remontait à l'année 1311. Il réussit à les déchiffrer, et les fit transcrire ensuite avec beaucoup de soin sur un registre in-quarto, que possède aujourd'hui la Faculté. Une seconde copie fut sans doute bientôt jugée nécessaire, car M. Ch. Jourdain nous a dit avoir vu aux Archives de l'Empire un double de ce travail. On comprend tout l'intérêt qu'il présente, puisqu'il peut jusqu'à un certain point remplacer la partie des *Commentaires* qui a été détruite.

Le volume est divisé en trois parties, qui ont pour titres :

Instrumenta, tum publica tum privata, in arca

---

honorarium hujusmodi magistratus, solvit decanus ter centum libras. — F. Lud. Lebret, pro opera in bibliotheca, solvit decanus quinquaginta libras. (Compte-rendu de 1760).

*Facultatis servata, in hoc codice ordine chrono-
logico inscripta, ad rei memoriam, ad antiquorum
Facultatis medicinæ ævorum notitiam inservienda.
Ab anno 1311 ad annum 1395.*

*Alia instrumenta de quibus mentio in primo
codice Facultatis, nec non in secundo. Ab anno
1395 ad annum 1441.*

*Synopsis rerum memorabilium quæ in omnibus
commentariis medicinæ Facultatis Parisiensis
habentur, quotquot in manus Nicolaï Ellain ab
anno 1322 usque ad annum 1606, tum vero in
nostras venire potuerunt ab eodem anno 1606 ad
annum 1676.*

La première pièce contenue dans ce recueil
date donc de 1311, elle est intitulée : *Conques-
tio querulosa oblata officiali Senonensi a Claricia
de Rothomago contra sententiam excommunicatio-
nis officialis Parisiensis.* Les dix pièces suivantes
sont également relatives à cette Clarisse, qui
exerçait la profession de sage-femme.

MANUSCRIT DE BERTRAND.

Thomas-Bernard Bertrand, qui fut successivement professeur de chirurgie, de pharmacie
et de matière médicale, puis doyen en 1740,
songea de bonne heure à rassembler des maté-
riaux pour l'histoire de la Faculté. Sa première
pensée fut de résumer pour lui-même, de la

manière la plus claire possible, l'immense collection des *Commentaires*. Ce travail, qui forme un volume in-folio de 484 feuillets, l'occupa en réalité pendant près de vingt ans.

On lit sur la couverture : *Annales medici a 1324, seu de rebus medicis parisiensibus ad medicæ Facultatis historiam pertinentibus descriptis ad 1732, cum indice locupletissimo.*

Puis au verso : *Inceptum opus januario, peractum cum indice alphabetico novembri ejusdem anni 1722 a Thoma Bernardo Bertrand doct. medico Parisiensi.*

Le feuillet de garde porte la note suivante : *Annales medici ab anno 1324 ad 1696 et ab anno 1696 ad 1724 ex ipsismet Commentariis excerpti, 1728 maio et julio mensibus, sub decanatu M. Geoffroy, decani de Facultate optime meriti, addito indice alphabetico a 1324 ad 4 novembris 1724 sub decanatu M. Nicolaï Andry, qui decimum nonum primus cepit tomum inscribere Commentariorum Facultatis medicæ Parisiensis. — Iidem Annales ab anno 1324 ad annum 1730 descripti, 1731 incipiente. — Ii Annales medici pro medicis rebus Facultatis commodati decano Mro Martinenq aprili mense 1747 ab ipsomet mihi redditi sunt 22 octobris 1747. Bertrand D. M. P.*

SYNOPSIS ANONYME.

Ce manuscrit, exécuté sur le même plan que celui de Bertrand, est beaucoup plus complet. Il forme un volume in-folio dont les pages ne sont numérotées que jusqu'au folio 521. Il est précédé de deux tables très-détaillées et bien comprises. Ce manuscrit a certainement été fait par Pajon de Moncets; Hazon, dans trois de ses ouvrages historiques, lui attribue un abrégé des *Commentaires*, qui ne peut être que celui-ci, puisque aucune autre analyse de ce genre n'a jamais été mentionnée. Il faut cependant ajouter que Hazon cite toujours ce manuscrit comme étant in-quarto; et qu'en outre, le nom de Pajon ne se trouve pas une seule fois dans le volume que nous décrivons.

Le feuillet de garde a été arraché; on lit en tête de la première page : *Rerum memorabilium quæ continentur in omnibus Commentariis Facultatis medicinæ Parisiensis ab anno 1326 exscriptus.* On trouve ensuite : 1° la liste des messes et des obits célébrés dans la chapelle de la Faculté; 2° le rang attribué aux congrégations religieuses et aux corporations dans les processions solennelles de l'Université; 3° une liste alphabétique des docteurs, licenciés et bacheliers mentionnés dans les *Commentaires* depuis l'année 1435; 4° la liste des doyens de la Faculté, et celle des censeurs de l'Université jusqu'en 1472; 5° la table générale des matières. Vient ensuite l'analyse des *Commentaires,* qui est précédée de ce titre : *Synopsis rerum memorabilium quæ in omnibus Commentariis medicinæ Facultatis Parisiensis habentur, quotquot in manus M. Nicolaï Ellain, ab anno 1324 usque ad annum 1306, tum verò in nostras venire potuerunt ab eodem anno 1606 ad annum usque 1676, quo decani munere fungebatur M. Morand.*

III

CATALOGUES.

CATALOGUE DE H. T. BARON.

Nous avons raconté, page 47, à quelle occasion ce catalogue fut rédigé, et comment Baron en fit une espèce de journal sur lequel venaient s'inscrire, dans l'ordre chronologique, tous les livres donnés à la Faculté, ainsi que toutes les pièces relatives à ces libéralités. Ce travail forme un volume in-folio, dont 265 pages seulement ont été employées; il a pour titre : *Catalogus librorum Facultatis medicinæ Parisiensis bibliothecam componentium, ex dono et liberalitate*

M[tri] *Francisci Picoté de Belestre, collegæ claris-*
simi ; M[i] Philippi Hecquet, antiqui Facultatis
nostræ decani, et nobilis feminæ Antoniæ de
Brion, viduæ magistri Amelot, in senatu Pari-
siensi præsidis : M° Hyacintho Theodoro Baron,
Parisino, tertiùm decano, anno 1733.

On lit au verso de la couverture :

Ce volume est le catalogue original des livres
de la Bibliothèque de la Faculté, qui doit rester
dans l'armoire des Archives dont M. le doyen a
la clef, pour y inscrire les livres à mesure qu'il
en survient de nouveaux...

Le volume contient les pièces suivantes :

Extrait du testament de Fr. Picoté de Belestre.

Concession de la bibliothèque de M. de Belestre à la Fa-
culté de médecine, par M. Prévost son exécuteur testamen-
taire.

Décret de la Faculté pour accepter la donation de la bi-
bliothèque de M. de Belestre.

Acte par devant notaires de la délivrance de la biblio-
thèque de M. de Belestre, faite par M. Prévost à M. H. T.
Baron, doyen; dont la minute est restée à Me Gervais
Laisné, l'un des deux notaires.

Catalogus librorum M. Francisci Picoté de Belestre, Fa-
cultatis medicinæ Parisiensis doctoris.

Catalogus librorum quos Facultatis medicinæ Parisiensis
bibliothecæ adjunxit nobilis femina D[a] Amelot.

Catalogus librorum qui augendæ Facultatis medicinæ
Parisiensis bibliothecæ accesserunt, ex liberalitate magistri
Philippi Hecquet, antiqui ejusdem Facultatis decani.

Reconnoissance de M. Reneaume, doyen, successeur de M. Baron, qui le décharge des livres donnés à la Faculté de médecine de Paris par M. de Belestre, madame la présidente Amelot et M. Hecquet.

M. Michaele Ludovico Reneaume decano, accessere bibliothecæ Facultatis sequentes libri, ex liberalitate M. Jacques.

Catalogus librorum quos, vel dono dedit vel collegit ad augendam Facultatis bibliothecam, decanatus sui tempore, M. Reneaume.

Reconnoissance de M. Bourdelin, qui décharge M. Reneaume, son prédécesseur, des livres de la bibliothèque de la Faculté et de ceux qui y ont été ajoutés jusqu'à la fin de son décanat.

Catalogus librorum quos, nº 100, Mer Philippus Hecquet, antiquus Facultatis decanus, testamento suo Facultati saluberrimæ reliquit, anno 1737 : Mo Ludovico Claudio Bourdelin decano.

Reconnoissance de M. Chomel père, doyen, qui décharge M. Bourdelin des livres composant la bibliothèque de la Faculté et de ceux y ajoutés jusqu'à la fin de son décanat.

Reconnoissance de M. G. J. de l'Épine, doyen de la Faculté de médecine, qui décharge en la personne de M. Chomel le fils, la succession et les autres héritiers de M. Chomel père, décédé étant doyen, au mois de juillet 1740, de tous les livres composant la bibliothèque de la Faculté jusqu'à cette époque.

Catalogus librorum veteris bibliothecæ qui extant [1].

Catalogus librorum qui accesserunt bibliothecæ Facultatis medicinæ Parisiensis, Mo Guillelmo Josepho de l'Épine et Mo Joanne-Baptista Thoma Martineng successive decanatum

---

1. Ce catalogue figure également dans les *Commentaires*, t. xxi, p. 114; c'est celui que nous avons reproduit page 59.

*gerentibus, a mense novembris 1744 ad mensem novembris
1750 :*

> *Ex dono Mⁱ Eliæ Col de Vilars, antiqui decani.*
>
> *Ex dono Mⁱ Joannis-Baptistæ Ludovici Chomel.*
>
> *Ex dono Mⁱ Winslow.*
>
> *Ex dono Mⁱ Marteau.*
>
> *Ex dono Mⁱ Jacques.*
>
> *Ex dono Mⁱ Boyer.*
>
> *Ex dono Mⁱ de la Sone.*
>
> *Ex dono Mⁱ Liger.*

*Reconnoissance de M. Marteau, bibliothécaire en charge,
qui, aux termes des statuts, s'est chargé de tous les livres
de la bibliothèque, après en avoir fait la révision en présence de M. Baron fils, actuellement doyen, et de MM. de
l'Épine et Martineng ses prédécesseurs, ainsi que de tous
MM. les anciens bibliothécaires, à l'exception de M. de la
Cloye, qui étoit décédé le 26 octobre 1748.*

*Libri qui Facultatis medicinæ Parisiensis bibliothecæ
accesserunt, M^o Hyacintho Theodoro Baron decano, a mense
novembris anni 1750 ad mensem novembris 1754.*

*Reconnoissance de M. Paris, bibliothécaire actuel de la
Faculté, qui s'est chargé de tous les livres compris au présent catalogue, ainsi que de ceux provenant de l'échange
des doubles.*

*Accesserunt, decano M^o Chomel Parisino, libri qui se-
quuntur.*

*Etat des livres de la bibliothèque de la Faculté, lesquels
se sont trouvés doubles ou triples, et ont été échangés ou
vendus pour acheter de nouveaux, conformément au décret
de la ditte Faculté du 18 octobre 1753.*

*Historia metallica Facultatis medicinæ Parisiensis, sive
collectio numismatum, tum argenteorum, tum æreorum
quos a decanis prædictæ Facultatis excusa sunt; incæpta
M^o Hyacintho Theodoro Baron decano, anno 1754.*

CATALOGUE DE BOURRU.

Quand E. Bourru fut nommé bibliothécaire
e la Faculté, en 1771, il venait de terminer le
atalogue de la collection qu'on lui confiait.
e travail, qui forme deux volumes in-folio, est
récédé d'une introduction de XI pages qui
beaucoup facilité nos recherches, et que nous
ons presque entièrement reproduite dans
os notes. Le catalogue de Bourru est intitulé :
*atalogus librorum qui in bibliotheca Facultatis
luberrimæ Parisiensis asservantur ; ordine au-
horum alphabetico digestus, cura et studio
[. Edmundi Claudii Bourru, ejusdem Biblio-
ecæ præfecti. Decano M. Ludovico Petro Felice
enato Le Thieullier. A. R. S. H*[1]. M.D.CC.LXX.*

CATALOGUE DES LIVRES DE L'ÉCOLE DE CHIRURGIE.

Ce volume, grand in-folio, rédigé par ordre
e matières et suivi d'une table très-complète,
st entré à la bibliothèque de la Faculté lors de
dissolution de l'école de chirurgie[2]. Il a pour
tre : *Inventaire des livres de feü messire Fran-
is De la Peyronie, legüés au collége de chirur-
ie par son testament du 18e avril 1747. Com-*

---

1. *Anno renovatæ salutis humanæ.*
2. Voyez page 74.

mencé chez M. Houstet le 3ᵉ decembre 1750 et jours suivans de relerée, fini le 30ᵉ du même mois, jour du transport à la Bibliothéque dudit collége, et réception des dits livres par MM. les Prévôts en exercice, et par M. A. Henriques, ancien Prévôt, Bibliothécaire du collége par délibération du Conseil du 11ᵉ fevrier 1739, et par le nouveau réglement donné par le Roy, du 18ᵉ mars 1751.

On lit sur les plats. D'un côté : INDEX SUPEL-LECTILIS LIBRORUM QUOS REGIO CHIRURGORUM PARI-SIENSIUM COLLEGIO ET ACADEMIE, SUPREMIS TABULIS, LEGAVIT VIR CLARISSIMUS M. FRANCISCUS DE LA PEY-RONIE, 18ª APRILIS 1747. Et de l'autre côté : EX BIBL. REGIÆ CHIRURGORUM PARISIENSIUM ACADEM.

I V

MANUSCRITS ANCIENS

Nous avons dit, page 65, que la Faculté ne possédait plus aucun des précieux volumes qui avaient figuré dans son ancienne bibliothèque. Des recherches faites au dernier moment parmi des manuscrits que M. Raige-Delorme a bien voulu mettre à notre disposition, nous ont permis de découvrir trois manuscrits qui proviennent

certainement de la bibliothèque primitive de la
Faculté. Il paraît au reste qu'il en avait été conservé beaucoup d'autres qui, il y a une vingtaine
d'années, furent soustraits par un employé
de l'établissement. La Faculté n'a aucun catalogue de ses manuscrits; ce travail, commencé
vers 1840, fut presque aussitôt abandonné. On
a cependant gardé quatre petits feuillets
écrits à mi-marge et quelques cartes; on y
voit mentionnés plusieurs ouvrages précieux
que nous n'avons pu retrouver; citons entre
autres un Avicenne avec les notes de Desparts,
et le *colliget* d'Averroës, tous deux in-folio, sur
vélin; le *compendium* de Gilbert l'Anglais,
écrit au XIIIᵉ siècle, et un Rhasès du
XIVᵉ siècle.

Voici les trois manuscrits dont nous avons
parlé :

Turisianus in michrotech. Galeni. A la fin :
Turigiani de Florencia plusquam com.... (commentum in) *microtegni Galeni explicit.*

Sur Turigianus, voyez page 17; et sur ce volume,
page 60. Il est en très-mauvais état, et bien qu'on l'ait restauré avec soin, il manque au commencement trois ou quatre
cahiers. Ce manuscrit, qui est in-folio, et écrit sur papier,
date du XVIᵉ siècle; l'ouvrage a été imprimé à Bologne en 1489
sous ce titre : *Crusiani, monachi Cartusiensis, plusquam
commentum in librum Galeni qui michrotechni intitulatur.*
Turigianus demeura plusieurs années chez les Chartreux, et

le livre de Galien dont il est question ici est plus connu sous le titre d'*Ars parva* ou *Ars medica,* τέχνη ἰατρική.

B. de Gordonio, Lilium medicinæ.

Même format que le précédent, et en plus mauvais état, écriture du xvie siècle. Il ne reste qu'un fragment de la première page, et il manque des feuillets à la fin. Bernard de Gordon mourut vers 1320; son *Lilium medicinæ,* sorte de cours complet, très-clair et assez méthodique, fut composé en 1305.

Incipit liber canonis primus quem princeps Abholay ab Avicenni de medicina edidit, translatus a magistro Girardo Cremonensi in Toleto de arabico in latinum. — Verba Abholay ab Avicenna. Prologus.

In-folio sur parchemin, et en très-mauvais état. Ecriture du xive siècle. Sur ce volume et sur Avicenne, voyez pages 10, 12, 18, 20, 59, 60, 61 et 90. Avicenne était surnommé le *prince des médecins.*

Les manuscrits qui suivent sont entrés depuis peu d'années à la bibliothèque.

Avenzoar, ab arabico in latinum, ad peticionem archiepiscopi Bracarensis. En tête du premier feuillet : *Tabula libri taysir Evenzoar de conservacione sanitatis et cura egritudinum, continens tractatus viginti sex.* A la fin de cette table : *Avenzoar glorioso in scientia medicine debet concedi corona, quia vixit centum et XXXV annis, et in bono obiit statu.* En haut du second feuillet : *Avenzoar fuit supremus in sciencia medicine a Galieno usque ad tempora nostra..... Prologus Johannis de Capua translatoris libri taysir.*

In-octavo, sur vélin; initiales enluminées et jolis encadrements. En tête une charmante vignette, où l'on a sans doute voulu représenter Avenzoar. Nous avons donné, page 28, quelques renseignements sur ce médecin. Son livre, ordinairement désigné sous les titres de *theizir* ou *teizir*, est intitulé dans l'original : *Kitabou-el-Teïsir-fi-madaouati-oua-tedbiri*, c'est-à-dire: *le livre de l'assistance dans le traitement et le régime.* La première version latine est due à Patavicius. Jean de Capoue, qui de juif se fit chrétien, a traduit aussi les fables de Pilpay, qu'il a également dédiées à un archevêque.

Incipiunt commentaria in aphorismos Ypocratis. Prephatio domini Constantini Affricani, ordinis montis Cassinensis monachi, ad Aconem discipulum suum. — Incipit liber pronosticorum Hypocratis. — Incipit liber de regimine acutorum. — Incipit commentum Haly super libro tegni Gualieni Expleta est expositio Hali Aben Rodani super illo quod clausum erat ex libro artis parvi Gualieni. — Incipiunt ysagoge Johannicij ad librum tegni Gualieni. — Incipit liber Theophili de urinis. — Incipit liber Phylareti de pulsibus. — Incipiunt versus magistri Egidij de pulsibus.

Un volume in-folio sur vélin, à deux colonnes, vignettes et initiales très-curieuses représentant presque toutes des animaux. Écriture du commencement du xv⁰ siècle. On lit au bas de la première page : *Hoc exemplar (D*ᵐⁱ *Lorry) aphorismorum attente contuli cum textu græco.* Lefebvre Sylvanectinus de Villebrune. *Optima et prope omnium præstantissima versio hæc.* — Constantin l'Africain était de Carthage, il mourut au Mont-Cassin en 1087. Les deux traductions qui suivent sont également de lui. — Ali-Ben-Rodhouan vivait au Caire vers la fin du xi⁰ siècle; son commentaire sur l'*Ars parva* de Galien a été imprimé à Venise en 1496 A la suite de ce traité se trouve, dans le manuscrit que nous décrivons, un éloge de Gérard de Crémone et la liste de ses ouvrages. — Comme dans le traité précédent le mot *tegni* (τέχνη) désigne ici l'*Ars parva* de Galien. — Le *Liber de urinis* de Théophile a été publié en latin par Frédéric Morel en 1608. — L'' traité de Philarète sur le pouls jouit longtemps d'une très-grande vogue. — Gilles de Corbeil, dont il est ici question, vivait vers 1200, son *Liber de pulsibus,* qui est écrit en vers hexamètres, était classique au xiii⁰ siècle.

Lexicon Galieni. — Fragmenta incerti auctoris (forte Actuarii, xii⁰ s.), *de urinis. — Fragmenta Oribasii* (de fracturis). — *Commentarium Galieni super libro Hippocratis de humoribus.*

Un volume in-folio sur papier. Tous ces traités sont écrits en grec.

J. Fr. Clemens, de motu. Explicit liber qui est de motu in generali.

Petit in-folio à deux colonnes. Le volume commence au chapitre III. Il manque aussi plusieurs feuillets dans le milieu et à la fin.

La cyrurgie du tres fameux et excellent philosophe maistre Lenfranc.

In-folio à deux colonnes, sur papier, écriture du xvᵉ siècle. Les trois premiers feuillets et le dernier manquaient, mais ils ont été ajoutés, en 1786, d'après un exemplaire écrit *l'an mil iiije iiijᵡᵡ et xiiij* par *Jehan Gallant, maistre barbier en la ville de Paris*, qui a terminé le volume par cet acrostiche :

> Faut lire tous les cadeaux d'icy
> Affin d'avoir la congnoissance.
> Incontinent sans doubtance
> Trouuerez le nom de celluy
> Par qui je fus faict et escript,
> A Paris la noble cité
> Reale et est nommée sans per,
> Mille iiijᶜ iiijᵡᵡ et quatorze
> Ou moys xxix jour d'octobre
> Iceluy maistre barbier en Paris.

> Jesus, souverain createur,
> Eternel et glorieux,
> Humblement je te mercye
> A genoux les yeulx larmoyeux,
> Nostre Pere, maistre et Seigneur.

> Glorieuse Vierge Marye
> A toy me rens,
> L'ame, le corps et tous les biens.
> A la mort ne me oublie mye
> Ne aussy Jesus, le filz de Marie.

V

HISTOIRE.

Codex inscriptionum medicinæ studiosorum in saluberrima Facultate Parisiensi, a Remigialibus anni R. S. H. 1753, M° Hyacintho Theodoro Baron decano.

In-folio; comprend jusqu'à l'année 1774. Voici la forme ordinaire des inscriptions : *Ego Joannes-Baptista Guillelmus Ferrand, Rotomagensis, magister in artibus in academia Parisiensi, excipio lectiones D. D. Bertrand Bernard et Feron. Pro prima inscriptione anni secundi, solvi 6 fr.* (Voyez page 127).

Commentarius rerum Facultatis gestarum sub decanatu D. Boyer.

Double des *Commentaires* pour les années 1756 à 1759. In-folio, papier.

Répertoire de ce qui est contenüe tant dans les boëtes que dans les tiroires qui sont aux Archives sous ces différentes cottes.

Toutes les pièces sont relatives à l'école de chirurgie, et sont datées; la plus ancienne remonte à 1311; elles sont disposées dans l'ordre suivant : A. *Affaires différentes.* — B. *Confrairie de Lusarches.* — C. *Police.* — D. *Concernant la succession de feu M. de la Peyronie.* — E. *Arrests du conseil.* — F. *Arrests du Parlement.* — G. *Droits d'amortissement et autres droits.* — H. *Titres de propriétées du col-*

lége. — I. *Edit, déclaration du roy, et lettres-patentes.* — K. *Concernant la fabrique de Saint-Cosme et les Cordeliers.* — L. *Quittances de remboursement et copies des contracts d'emprunts.* — M. *Testaments et donations.* — N. .... — O. *Papiers de conséquence.* — 1 vol. in-quarto, papier.

Mélanges historiques concernant les médecins.

Recueil très-curieux de pièces qui ont été tirées des archives de différents couvents et de collections appartenant à des particuliers. La plus ancienne date du XIIIᵉ siècle. — 2 vol. in-quarto, belle écriture, chaque page est encadrée de filets rouges.

Histoire de ce qui s'est passé à Liége au sujet du decret de la Faculté de médecine du 18 may de l'année 1762.

In-quarto de 135 pages. *Datum a magistro Morand, Parisiensis Facultatis doctore-regente, die quarta novembris anno M.D.CC.LXII.*

Recueil de pièces.

In-folio, sur papier, renfermant un nombre considérable de pièces diverses, dont quelques-unes sont imprimées. Nous citerons seulement les suivantes : *Extrait des mémoires fournis sur les usurpations mutuelles des trois professions qui composent la médecine. — Observations faittes sur le procceds des apoticaires de Lizieux contre les chandelliers au sujet de l'arrest du Parlement de Normandie en faveur des dits chandelliers. — Extraict de plusieurs mémoires contenant les plaintes de plusieurs corps d'apoticaire. — Plaintes et griéfs des gardes et maîtres apoticaires jurés et en charge de la ville et université de Caën, contre les maîtres chirurgiens de cette ville et notamment contre le sieur Charles Fleury, un d'jceux et lieutenant de monsieur*

le premier chirurgien du Roy, et contre les droguistes,
epiciers, opérateurs-charlatans, et toutes personnes general-
lement composants, vendants et debilants des compositions
de pharmacie galenique et chymique à eux prohibés et de la
seule competence des apoticaires. — Projet d'un nouveau
réglement pour toutes les Facultez de médecine, corps et
colléges de médecins aggregez du royaume. — Projet pour
augmenter le nombre des medecins, et les moyens d'en former d'excellens. — Projet d'un nouveau reglement pour
toutes les Facultez de medecine, corps et colleges de medecins aggregez du royaume. — Sur la fondation d'une
académie de médecine. — Reglement que nous soussignez,
privilegiez associez pour le commerce, vente, debit et distri-
bution de toutes les eaux minérales et medecinales de
France et etrangeres, avons redigé entre nous, pour estre
executé selon sa forme et teneur, et sous les peines que
nous nous sommes imposées pour le bien et l'avantage dudit commerce, portées par le present reglement. — Projet
d'un edit pour regler l'etude et exercice de la medecine,
établir une forme nouvelle d'aggregation et retablir dans
leurs anciens droits et limites la medecine, la pharmacie
et la chirurgie. — Memoire pour Antoine Barriou, lieutenant du premier chirurgien du Roy, et cy devant chirurgien
à l'hotel de Paris. — Copie des statuts des chandeliers
de la ville de Lisieux du 2ᵉ aoust 1489. — Mémoire re-
latif aux eaux minérales. — Recüeil des edits, declarations,
arrets et reglemens concernant Mᵉ le premier medecin du
Roy. — Status pour la jurande et maistrise des apoticaires,
espiciers, ciriers et confiseurs pour les villes, bourgs et lieux
du royaume, ou il n'y a pas d'université de medecine.
30 decembre 1661. — Reglement concernant les eaües minerales et medecinales qui se debitent a Paris, et les personnes qui en font le commerce. Septembre 1716. — Lettres
portant confirmation de l'union de l'intendance generale
des eaux minerales et medicinales du roiaume à la charge

de premier medecin du Roy en faveur du St Dordat. —
Papiers concernant la Faculté de Nantes.

Recherches historiques sur la chirurgie et sur l'établissement des chirurgiens en France et particulièrement à Paris, par Valmenij.

Un volume in-folio, écrit en 1750.

Extrait des titres concernans la chirurgie, servant à faire voir sur quel pied elle a été établie et reconnuë par les Rois predecesseurs de Sa Majesté depuis St Louis jusqu'à présent. De quelle maniere elle a été traitée par les Cours souveraines et par les Juges ordinaires, par l'Université, et même par la Faculté de medecine. Comment elle a été exercée pendant un temps immemorial. Et ce qui a concouru sur la fin du dernier siecle a lui enlever l'illustration où elle etoit parvenuë.

Un volume in-folio, magnifique écriture. La première pièce citée sont les statuts de Jean Pitard.

Liste funebre des chirurgiens de Paris qui sont morts depuis l'année 1315 jusqu'à l'année 1722. Avec le génie et les mœurs de ceux qui se sont le plus distinguez dans leur profession. On y a joint quelques remarques sur les principaux événemens qui sont arrivez dans l'ancien college ou depuis son union avec la compagnie des chirurgiens barbiers. Et la réponse à l'auteur d'une description de Paris sur un article de cette liste. Traduction

*faite sur l'édition latine de la même liste imprimée
à Trévoux en 1714.*

Un volume in-quarto; l'auteur, le chirurgien Devaux, est
nommé dans la préface. On a ajouté à ce manuscrit plusieurs
pièces curieuses qui n'existent pas dans l'ouvrage imprimé.

Geschichte der chirurgie.

In-quarto. Paraît provenir d'un docteur nommé Fouquier,
dont on lit le nom sur le feuillet de garde.

Manuscrit de Jérome Delanoue.

Recueil in-quarto composé de 191 feuillets, et contenant
des pièces et même des gravures très-précieuses pour l'histoire de la chirurgie. Après les titres imprimés d'un certain
nombre de thèses chirurgicales, le volume débute par une
épître de l'auteur à son fils: *Hieronymus Delanoue Johannij
filio suo. En, mi fili, volumen tibi dicatum, mea manu contex-
tum, in quo selecta reperies quæ ad dignitatem, officium, etc.*
On a collé sur la couverture une ancienne estampe relative
à la fondation de la confrairie St-Cosme et St-Damien, et au
bas de laquelle on lit l'*oraison desdits martyrs.*

VI

MÉDECINE

Notæ in Celsum de re medica.

In-quarto. On lit sur la couverture: *Ces notes et inter-
prétations manuscrittes sur Celse viennent de Mre Charles
Thuillier D. M. Par., et sont de son écriture. Elles ont*

été données à la bibliothèque de la Faculté de médecine par M. Baron père, amy de M. Thuillier. M. Hyacintho Theodoro Baron filio decano, 1753.

Institutiones medicæ.

Deux volumes in-quarto. Ecriture du xviii⁰ siècle.

Cursus medicinæ.

In-octavo.

Ars bene medendi.

In-douze. Très-mauvaise écriture du xvii⁰ siècle.

Mosis Charas, medicinæ doctoris, medicina practica.

In-quarto de 284 pages. Moïse Charas, auteur de plusieurs ouvrages estimés, mourut en 1698.

Principia practica, seu regulæ quibus fidere possumus in curatione morborum.

In-douze de 606 pages, mauvaise écriture.

Recueil de médecine pratique de Baillou, Fagault, Braillon, Gérault, et autres fameux médecins.

In-quarto de 120 feuillets.

Observations sur la vertu du quinquina contre la gangrène.

In-folio, belle écriture du xviii⁰ siècle. Ce volume provient de la bibliothèque de l'école de chirurgie.

L'art de découvrir et d'employer avec prudence les remèdes spécifiques et convenables à chaque

espèce de maladie. Du latin de Georges Baglivi, docteur en médecine et professeur d'anatomie au collége de la Sapience à Rome, dans son livre intitulé : Moyen de rappeler la pratique de la médecine à la seule observation.

In-quarto, écrit en 1699. G. Baglivi mourut en 1707.

Recueil de recettes diverses.

In-quarto de 564 pages.

Tractatum de principiis et elementis corporis humani. — Tractatum de definitionibus morborum. — Tractatum de institutionibus medicis. — Tractatum de morbis infimi ventris.

In-folio, bonne écriture de la fin du xvııᵉ siècle.

De signis morborum. — Tractatus de morbis mulierum. — Traité des maladies des enfants.

Petit in-folio de 611 pages, belle écriture.

Essai d'une methode pour former des bons medecins, proposée par Leonardo Vordoni.

In-folio, doré sur tranches, écrit à Trieste en 1805.

Locorum communium medicinalium liber. Incœptus calend. Decembris 1639. Collectore Ludovico de Serres D. medico Lugdunensi.

In-folio de 582 pages.

Traduction du culter anatomicus.

In-quarto, bonne écriture. La traduction se borne aux quatre premiers livres; la préparation des os, qui constitue

le cinquième, ne s'y trouve pas. On lit sur a couverture :
*E libellis manu scriptis Aii Casamajor abjectis, glomeratis
emptis, segregat et Facultati donat M. F. Delaplanche,
4 jul. 1782.*

*Anatomie de l'homme faite en la mémoire et à
l'honneur des professeurs des diverses Facultés de
médecine de l'Europe, particulièrement de ceux de
celle de Paris. Ouvrage nouveau. Traduction bá-
sée sur les principes de la nouvelle nomenclature,
faite par M. H. Béfort, domicilié à Ham (Somme),
année 1819.*

In-quarto.

*Traité de physiologie anatomique par Grimaud,
professeur à l'école de médecine de Montpellier.*

In-folio. G. de Grimaud mourut en 1789.

*Tractatus physiologiæ, dictatus ab illustrissimo
viro Domino de Chirac, celeberrimo universitatis
Monspeliensis professore eruditissimo. Anno Domini millesimo sexcentesimo nonagesimo quinto, die
primo mensis novembris. — De principiis rerum
omnium, a Domino Chirac in alma Monspeliensi
academia dictatis, anno Domini millesimo sexcentesimo nonagesimo sexto.*

In-quarto. Le premier traité forme 62 pages, et le second 336. Chirac, qui fut premier médecin de Louis XV,
mourut en 1732.

Abrégés d'ostéologie et de myologie.

In-quarto de 400 pages, magnifique écriture.

Materia medica.

In-douze. Sur la couverture on lit la signature de B. D. de l'Épine.

De la matière médicale.

In-quarto. Bonne écriture.

Tractatus lazermo phizicus de cursu medicali.

In-douze de 419 pages, moitié latin, moitié français. On lit sur le feuillet de garde : *Joannes Perrotteau, doctor medicus Monspelliensis, anni* 1736. J. Lazerme mourut en 1676.

Annotata ad materiam medicam.

In-douze, mauvaise écriture.

Traité de la matière médicale suivant le sentiment de M. Chirac.

In-quarto de 393 pages, très-belle écriture.

Traité de la matière médicale. — Dissertatio academica an passioni iliacæ globuli plumbei hydrargyro præferendi.

In-quarto. On lit sur la couverture : *E libellis manu scriptis Au Casamayor D. M. P. coemptis cum aliis libellis, excerpsit hunc materiæ medicæ cursum, simul de passione iliaca dissertationem, quæ ultro Facultati donat, ut inter bibliothecæ ejus mss, inserantur. M. F. Deluplanche, D. M. P. 4 jul.* 1782.

Traité de diverses maladies.

Catalepsie, épilepsie, etc. — In-quarto.

Pathologie de M. Chirac.

Petit in-folio de 139 feuillets.

Traité de pathologie. — Tractatus de febribus.

In-octavo.

Tractatus de febribus. — Tractatus de morbis thoracis.

In-folio, bonne écriture.

Tractatus iiij de febre pestilentali.

In-trente-deux, écriture du xviie siècle.

Traité de la peste, donné par M. Andry au collége royal en 1721-1722.

In-quarto. Nicolas Andry fut doyen de la Faculté de 1724 à 1725, et mourut en 1742.

Exposition des maladies épidémiques observées et traitées par dom Robert Hickmann, religieux et médecin de l'abbaye de S. Hubert en Ardenne, pendant les années 1772 et 1773. Tome Ier, commencé le 27 septembre 1776, fini le 16 février 1778.

In-quarto. Nous n'avons trouvé que ce premier volume.

Traité des maladies de la poitrine.

In-folio. Exemplaire interfolié.

Francisci Blondelj, doctoris medici Parisiensis, prælectiones Parisinæ de lateris dolore, ejusque natura, differentijs, signis et curatione. In scholis solido biennio recitatæ et enarratæ.

Huit volumes in-quarto, excellente écriture. Ce manuscrit a appartenu à T. B. Bertrand. — Fr. Blondel fut doyen de la Faculté de 1658 à 1659, et mourut en 1682.

Recueil de consultations sur les maladies de la poitrine, du bas-ventre et de la vessie.

Petit in-folio.

C'est le vray moyen et secret de guérir le mal de la carnosité et flux d'urine qui vient dans l'orifice de la verge de l'homme à l'occasion qui s'entendra cy après.....

Recueil in-quarto de petits traités très-curieux; écriture du xve siècle.

De morbis cutaneis.

Trois volumes in-folio. On lit sur le premier : *manuscrit de M. Lorry. Acheté à la vente de M. Hallé,* 1723. CHOMEL. — *Donné à la Faculté par M. le professeur Chomel dans la séance du 23 novembre* 1827. CRUVELHIER, *secrétaire.*

Traité des maladies de la tête. — Traité des maladies externes de la tête.

In-folio de 520 pages. Exemplaire interfolié.

De morbis nerveis.

Par Jean Petersen Michel, docteur en médecine, membre de la société d'Utrecht à Amsterdam. Le titre se termine ainsi : *Commentarius quo respondetur ad problema ab illustri societate Regia Medica Parisiensi, primo ante Kalend. Sept. CIƆIƆCCLXXXIV, ad solutionem publice propositum : Exposer quels sont les caractères des maladies nerveuses proprement dites, telles que l'hystéricisme, l'hypochondriacisme.....*

De vomitu et vomitoriis medicamentis, a Francisco Blondel, doctore medico Parisiensi.

2416 pages reliées en six volumes in-quarto.

Traité du régime et des maladies les plus fréquentes des enfans.

Petit in-folio.

Cahier d'observations faites soubs M. Barbeyrac. — Abbrégé de la pathologie grecque, suite des observations de M. Chirac. — Diverses opinions sur les convulsions du tetanos.

In-quarto.

Observations de M. Morin, père de madame la comtesse de la Roche, fameux médecin de Paris.

In-folio, bonne écriture. On lit sur la couverture : *Donné par Madame la comtesse de la Roche.* — L. Morin mourut en 1715.

Collegium de formatione fœtus, habitum sub præsidio clarissimi viri D^{ni} Caroli Drillinenstii, professoris medicinæ, in academia Lugdunensi celeberrimi, anno 1684. — Collegium chimico-practicum, habitum privatim sub præsidio clarissimi viri D^{ni} Caroli de Maets, chimiæ professoris ordinarii, anno 1684.

In-quarto de 306 pages.

Essai sur les armes empoisonnées des anciens peuples barbares des deux hemisphères, et sur l'analogie des effets de ces armes avec les symthomes des maladies malignes, episootiques, contagieuses et pestilentielles, par P. Verdier d'Aval-

lon, *M. D. M. des armées, membre de plusieurs académies, etc.*, 1806.

In-quarto. Nous n'avons pu trouver que le tome Ier.

Therapeutices methodi libri IV. — Quædam theses selectæ pro cardinali.

In-quarto. Presque toutes ces thèses ont été présidées par S. Piètre, et on lit à la fin du traité de thérapeutique : *A domino Simone Pietre, doctore medico Parisiensi.*

Recueil de pièces.

In-folio, contenant les pièces suivantes : *Excerpta ex institutionibus medicis D. Boerhaave. — Excerpta ex libro de dura meninge, authore Pacchionio. — Excerpta ex phtisiologia D. Morton. — Traité des eaux minérales de Forges,* 1697. *— Monita de thermarum usu. — Excerp'a ex libro D. Hecquet de morbis stomachi. — Propositiones excerptæ ex* 8 *dissertationibus D. Pitcarnii — De febribus continuis tentamen, authore Andrea Brown,* 1695. *— Thèses de vesperie et de doctorat.*

Manuscrits autographes de Sanchez.

Antonio Nunez Ribeiro Sanchez, médecin portugais, mourut à Paris le 24 octobre 1783. Il légua tous ses manuscrits au Dr Andry qui les a transmis à la Faculté. L'*ex libris* de C. L. F. Andry se trouve sur chaque volume. La collection se compose de 5 vol. in-folio et de 4 vol. in-quarto qu renferment : *Manuale medicorum. — Materia medica. — Pathologia. — Versuræ anatomiæ*, etc. *— Manuale practicum. — Mélanges. — Pièces diverses*, dont quelques-unes sont en portugais.

Manuscrits autographes de Bichat.

1 carton in-folio renfermant le *Traité des membranes* et le *Traité de la vie et de la mort;* 13 cartons in-quarto

contenant : *Cours de matière médicale, Observations de médecine recueillies à l'Hôtel-Dieu, Cours d'anatomie pathologique, Cours de physiologie, Cours d'anatomie descriptive.*

VII

CHIRURGIE.

Cours de chirurgie, par Meurisse.

In-quarto de 671 pages, écrit en 1683.

Traité de chyrurgie.

In-folio de 536 pages, interfolié de papier blanc.

Lectiones anatomicæ domini Duvernay amphitheatro chirurgo.

In-folio de 1685 pages; contient les os, les muscles et les articulations. J. Guicherd Duverney mourut en 1730.

Chirurgica methodus. — In libros Hippocratis commentarii. — Necessitas, definitio, divisio et usus anatomiæ. — De consiliis medicis.

In-quarto. On lit à la fin de chaque traité : *Per magistrum Simonem Pietre, doctorem medicum Parisiensem*, 1593. Peut-être autographe.

Traité d'opérations de Monsieur Lescot, maistre chirurgiens à Paris, le 9ᵐᵉ may en l'anné mil six cent quatre ving cinq.

In-quarto. Provient de la bibliothèque de l'école de chirurgie. Simon Lescot, qui fut un des meilleurs opérateurs de son temps, mourut le 7 septembre 1690.

Cours et opération de chirurgie. — Traité des tumeurs en général et en particulier, donné par M. Duvernay. — Des playes de téte. — Extrait du cours d'opération de M. Arnaud, 1708.

In-folio de 123! pages, belle écriture.

Chirurgiæ tractatus.

In-folio, XVIIe siècle. Le premier traité commence par ces mots : *In universam chirurgiam præfatio;* et le second par ceux-ci : *Tractatus chirurgicus præfatio.*

Traité de la pratique de l'Hôtel-Dieu de Paris, par M. Petit, et transcrit par le sieur Houstet, le quinziéme octobre 1715.

In-quarto. J. L. Petit, directeur de l'Académie de chirurgie, mourut en 1750.

Manuscrits autographes de Sigaud et de Thouret sur l'opération de la symphyse.

Légués à la Faculté de médecine par le docteur Deneux en 1846.

Traité des hernies ou descentes... par le sieur Nicolas Loquin, opérateur ordinaire du Roy, et chirurgien herniaire.

In-quarto.

Mémoire de chirurgie militaire, concernant les instruments propres à l'extraction des corps

étrangers, des plaies, et particulièrement de celles d'armes à feu.

In-folio. Par Pierre François Pierry, chirurgien-major du régiment de Berry-cavalerie, 1787.

VIII

PHARMACIE.

Tractatus in libros de simplicium medicamentorum facultatibus, de necessitate medicamentorum. — In Galeni librum de remediis paratu facilibus. — In libros Galeni de compositione medicamentorum secundum locos commentarii Simonis Pietre.

In-quarto. Peut-être de la main de S. Piètre, qui mourut en 1618. On lit à la fin de chaque traité ces mots : *Per dominum Simonem Pietre, doctorem medicum Parisiensem.*

Delectus medicamentorum simplicium, et de medicamentis benigne purgandis. — Quæstiones sive institutiones pharmaceuticæ.

In-douze. Sur le feuillet de garde se trouve la signature de B. D. de l'Épine.

Institutiones pharmaceuticæ galenico-chymicæ, perlectæ in scholis medicorum a Mᵒ Antonio Le Moine, in Saluberrimo ordine parisiensi doctore regente et pharmaciæ professore, a martinalibus anni MDCCXVII ad inducias anni MDCCXVIII.

On trouve à la suite de ce traité quelques dissertations assez curieuses ; la première a pour titre : *An aliquid sinistri portendant cometæ?* — On lit sur la couverture : *Recuperat et Facultati donat M. F. Delaplanche, D. M. P. 4 julii* 1782. — Antonin Lemoine fut doyen de 1676 à 1677, et mourut le 4 janvier 1714.

Traité des médicaments.

In-folio, sans titre. Il traite successivement : des *purgatifs*, des *émétiques*, des *diurétiques*, des *sudoriques*, des *salivans*, des *apéritifs* et des *incrassans*. Exemplaire interfolié.

Traité pharmaceutique.

In-octavo de 245 pages.

Recueil pharmaceutique.

In-quarto ; il a appartenu au collége de Clermont. On lit sur le feuillet de garde : *Acheté de Nic. Boucher, libraire, qui l'avait eu à la vendue des livres de M. de Houppeville, le 15 juillet* 1726. Adr. Larchevêque, 1726.

Recueil de diverses recettes.

Sirops, pilules, tisanes, etc. In-quarto, écrit en 1723.

Recettes pour différentes maladies.

Deux volumes in-quarto.

IX

MÉLANGES.

Recueil sur l'inoculation.

Ce recueil, que nous aurions du classer dans le paragraphe consacré à l'histoire, renferme la réponse au rapport des douze commissaires qu'avait nommés la Faculté pour examiner la question de l'inoculation. On y trouve vingt-huit lettres autographes de J. D. Gaubius, de J. Pringle, de Van Zwieten, etc. — In-folio.

Formules de médecine. — Instructions de chirurgie.

In-folio de 622 pages.

Clavis methodi in Horto regio adhibitæ per dom. de Jussieu,

In-douze de 485 pages, écrit en 1776.

Recueil de pièces médicales, consultations, lettres particulières autographes, etc.

5 volumes in-quarto. Ce recueil, très-curieux, paraît avoir été fait par un docteur Geoffroy, qui demeurait rue des Singes, et avait une clientèle fort distinguée.

Remarques sur la sainte Ecriture.

In-folio, 1690. A la fin quelques fragments sur la médecine extraits du *Journal des savants.*

Commentarii in Aristotelis dialecticam, prælatio sive disputatio proœmialis de philosophia in generali.

In-quarto de 738 pages. A appartenu à la bibliothèque de l'école de chirurgie.

Physica particularis, de variis corporum naturalium speciebus.

In-quarto, titre charmant, et à la fin seize planches très-délicatement gravées. On lit sur le dernier feuillet : *Finis universæ philosophiæ, die Julii* 1714. Stephanus Claudius Daligre, 1714.

Recueil.

In-douze, contenant : *Traité de l'enluminure. — Recueil de remèdes choisis pour plusieurs sortes de maladies. — La manière de dorer sur la porcelaine. — Pour relier un livre en veau. — Traité de la peinture au pastel.*

Racines hébraïques.

Petit in-quarto, écriture de la fin du xviie siècle. Imitation du *Jardin des racines grecques* de Lancelot.

FIN

TABLE GÉNÉRALE DES MATIÈRES

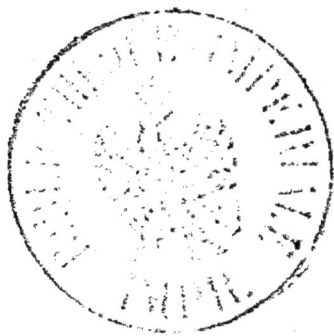

TABLE GÉNÉRALE

DES MATIÈRES

-◆-

Le mot Fac. désigne toujours la Faculté de médecine de Paris.

————◆————

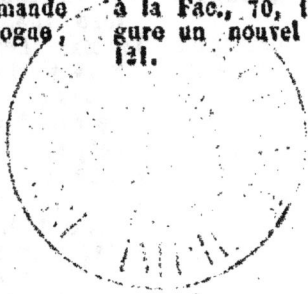

ACHEVÉ D'IMPRIMER

POUR LA PREMIÈRE FOIS A PARIS, LE XXV MARS M.DCCC.LXIV

PAR PILLET FILS AINÉ

POUR A. AUBRY, LIBRAIRE

A PARIS.

www.ingramcontent.com/pod-product-compliance
Lightning Source LLC
Chambersburg PA
CBHW070633100426
42744CB00006B/664